地方智库报告
Local Think Tank

社会治理：
珠海平安社会建设

中国社会科学院国家法治指数研究中心
中国社会科学院法学研究所法治指数创新工程项目组
著

中国社会科学出版社

图书在版编目(CIP)数据

社会治理.珠海平安社会建设/中国社会科学院国家法治指数研究中心,中国社会科学院法学研究所法治指数创新工程项目组著.—北京:中国社会科学出版社,2018.7

(地方智库报告)

ISBN 978-7-5203-2763-3

Ⅰ.①社… Ⅱ.①中…②中… Ⅲ.①社会管理—研究—珠海 Ⅳ.①D67

中国版本图书馆 CIP 数据核字(2018)第 151913 号

出 版 人	赵剑英
责任编辑	喻 苗 马 明
责任校对	王佳玉
责任印制	王 超

出　　版	中国社会科学出版社
社　　址	北京鼓楼西大街甲 158 号
邮　　编	100720
网　　址	http://www.csspw.cn
发 行 部	010-84083685
门 市 部	010-84029450
经　　销	新华书店及其他书店
印　　刷	北京君升印刷有限公司
装　　订	廊坊市广阳区广增装订厂
版　　次	2018 年 7 月第 1 版
印　　次	2018 年 7 月第 1 次印刷
开　　本	787×1092　1/16
印　　张	10.5
字　　数	95 千字
定　　价	45.00 元

凡购买中国社会科学出版社图书,如有质量问题请与本社营销中心联系调换
电话:010-84083683
版权所有　侵权必究

项目组负责人：

田　禾　中国社会科学院国家法治指数研究中心主任，法学研究所研究员、法治指数创新工程项目组首席研究员

吕艳滨　中国社会科学院国家法治指数研究中心副主任，中国社会科学院法学研究所研究员、法治国情调研室主任

项目组成员：

王小梅　栗燕杰　胡昌明　徐　斌　刘雁鹏
王祎茗　赵千羚　刘　迪　田纯才　王　洋
王昱翰　葛　冰　冯迎迎

执笔人：

田　禾　中国社会科学院法学研究所研究员
吕艳滨　中国社会科学院法学研究所研究员
栗燕杰　中国社会科学院法学研究所副研究员
徐　斌　中国社会科学院法学研究所助理研究员
田纯才　中国社会科学院法学研究所研究助理

摘要： 党的十八大以来，党中央对加强和创新社会治理、建设平安中国作出一系列重大部署。党的十九大开启了中国特色社会主义新时代，人民日益增长的美好生活需要，对加强和创新社会治理、建设平安中国提出了新的要求。党的十九大报告围绕"打造共建共治共享的社会治理格局"的目标，进一步深化了社会治理部署，为新时代平安中国建设指明了方向。

平安建设是当前中国社会治理中的一项基础性工作。加强和创新社会治理，是建设平安中国的基本途径。社会治理和平安建设的重点和难点在基层，活力和动力也在基层。加强和创新社会治理，建设平安中国，有赖于中央统筹顶层设计和整体制度安排，也必须发挥地方和基层的积极性。

近年来，珠海市按照党中央、国务院和中央有关部门关于加强和创新社会治理、建设平安中国的部署，坚持社会治理和平安建设社会化、法治化、智能化、专业化的要求，着力完善平安建设体制机制，推动平安建设精细化管理，扩大平安建设社会参与，筑牢平安建设基层基础工作，加强立体化社会治安防控体系建设，在做好社会治理和平安建设常规工作的同时，开展了具有珠海特色的积极探索和创新，取得了积极成绩。珠海平安社会建设实践表明，守住法治底线是社会治理和平安建设的前提，推动体制创新是社会治理和平安建设的关键,激发基层活力是社会治理和平安建设的基础。

加强和创新基层治理,推进平安中国建设,应在总结地方实践经验的基础上,不断完善党委领导、政府主导、社会协同、公众参与、法治保障的社会治理体制,全面提升平安建设的社会化、法治化、智能化、专业化水平,打造共建共治共享的社会治理格局。应当坚持依法治理,完善平安建设法律支撑;坚持协同治理,扩大平安建设公众参与;坚持创新治理,增强平安建设基层活力;坚持智慧治理,强化平安建设技术保障。

关键词: 平安建设　社会治理　共建共治共享　法治保障

Abstract: Since the 18th National Congress of CPC, the Central Committee of CPC has made a series of major plans for strengthening and innovating social governance and building the peaceful China. The 19th National Congress of CPC opened the new era of socialism with Chinese characteristics. The growing needs for a better life of the people puts forward new tasks for strengthening and innovating social governance and building the peaceful China. The report at the 19th National Congress of CPC revolved around the goal of "establishing a social governance model based on collaboration, participation, and common interests", further deepening the deployment of social governance and pointing out the direction for the construction of the peaceful China in the new era.

The peaceful China initiative is a basic work in the current social governance in China. Strengthening and innovating social governance is the basic way to build the peaceful China. The key and difficult points of social governance and peace initiative are at the grass-roots level, and vitality and motivation are also at the grass-roots level. Strengthening and innovating social governance and building the peaceful China depend on the overall planning and the overall institutional arrangement of the Central Committee of CPC, and it is necessary to give full play to the initiative of the local and grass-roots units.

In recent years, Zhuhai City, in accordance with the Central Committee of CPC, the State Council of PRC and the relevant central departments concerned with the strengthening and innovation of social governance and peaceful China initiative, persisted in the social, legal, intelligent and professional requirements of social governance and peace initiative, and focused on improving the system mechanism of peace initiative to promote the fine management of peace initiative. To expand the social participation of the peace initiative, build the basic work of the peace initiative, strengthen the construction of the three-dimensional social security prevention and control system, and carry out positive exploration and innovation with the characteristics of Zhuhai while doing a good job in the routine work of social governance and peace initiative, and have achieved positive achievements. The practice of building a peaceful society in Zhuhai shows that keeping the bottom line of the rule of law is the premise of social governance and peace initiative, and promoting system innovation is the key to social governance and peace initiative, and the basic of social governance and peace initiative is to stimulate the vitality of the grass-roots units.

To strengthen and innovate grass-roots governance and promote the peaceful China initiative, we should step up institution building in social governance and improve the law-based social governance model under which Party committees exercise leadership, government assumes responsibility, non-governmental actors provide assistance, and the public get involved. We should strengthen public participation and rule of law in social governance, and make such governance smarter and more specialized, thus to establish a social governance model based on collaboration, participation, and common interests. We should adhere to the legal management according to law, improve the legal support of safety construction. We should adhere to the cooperative governance, expand the public participation in building safety. We should adhere to the innovation management, strengthen the vitality of the peace building at the grass-roots level. And we should adhere to the management of wisdom and strengthen the technical guarantee for the construction of safety.

Key Words: Peace Initiative; Social Governance; Collaboration, Participation, and Common Interests; Guarantee of the Rule of Law.

目 录

第一章　珠海市平安社会建设的背景 …………（1）
  一　社会治理与平安建设目标的提出 …………（2）
    （一）社会管理的提出 …………………（2）
    （二）社会治理的深化 …………………（3）
    （三）平安建设的目标 …………………（5）
  二　社会治理与平安建设面临的挑战 …………（7）
    （一）社会结构的深刻变化 ……………（7）
    （二）利益格局的深刻调整 ……………（9）
    （三）民生诉求的全面升级 ……………（10）
    （四）社会生态的日益复杂 ……………（11）
  三　珠海市推动平安社会建设的背景 …………（13）

第二章　以社会治理法治化推动平安建设规范化 …………（18）
  一　社会治理法治化概述 ………………………（18）
  二　科学立法,加强基层治理制度保障 …………（22）

三 严格执法,破解平安建设难点问题 ………… (28)
四 多元纠纷解决,有效化解社会矛盾 ………… (35)
五 遇事找法,完善基层公共法律服务 ………… (41)

第三章 以社会治理社会化推动平安建设协同化 ………………………………………… (45)

一 社会治理社会化概述 ………………………… (45)
二 坚持党的领导核心作用,筑牢治理根基 …………………………………………… (51)
三 尊重人民群众主体地位,坚持为民治理 …………………………………………… (54)
 (一)坚持服务群众,追求群众满意 ………… (54)
 (二)不断动员群众,扩大群众参与 ………… (56)
四 创新社区服务管理,增强基层活力 ……… (61)
 (一)完善基层治理规范 ……………………… (62)
 (二)创新基层治理手段 ……………………… (64)
 (三)配强基层治理队伍 ……………………… (66)
五 开展"平安细胞"创建,带动全面提升 …… (68)
六 培育发展社会组织,寻求多元治理 ……… (70)

第四章 以社会治理专业化推动平安建设现代化 ………………………………………… (76)

一 社会治理专业化概述 ………………………… (76)

二　组建"志愿警察"队伍，加强专业队伍 …… （79）
　　（一）珠海市平安队伍建设概况 ………… （79）
　　（二）珠海市志愿警察组建背景 ………… （82）
　　（三）珠海市志愿警察工作机制 ………… （83）
　　（四）珠海市志愿警察实践成效 ………… （86）
　　（五）珠海市志愿警察完善方向 ………… （88）

三　运行"平安指数"机制，实现专业管理 …… （90）
　　（一）珠海市平安指数创建背景 ………… （90）
　　（二）珠海市平安指数具体构成 ………… （92）
　　（三）珠海市平安指数应用方式 ………… （93）
　　（四）珠海市平安指数运行成效 ………… （96）
　　（五）珠海市平安指数完善方向 ………… （99）

第五章　以社会治理智能化推动平安建设迅捷化 ………………………………… （101）

一　社会治理智能化概述 ………………… （101）
　　（一）社会治理智能化的紧迫性与
　　　　可行性 ……………………………… （102）
　　（二）社会治理智能化面临的挑战 ……… （105）

二　珠海市推进智能平安社会建设的
　　实践 ……………………………………… （107）
　　（一）强力推进信息基础设施建设构建
　　　　四梁八柱 …………………………… （108）

（二）打通智慧社区健全平安建设神经
　　末梢 ………………………………………（110）
（三）网格服务数字化：中心＋网格＋
　　信息化 ……………………………………（112）
（四）信息系统初步互联互通走向
　　集约化 ……………………………………（114）

三　珠海市智能平安社会建设的成绩 ………（115）
（一）以技术应用促进治理精细化 …………（115）
（二）大数据提升政务服务精准化 …………（116）
（三）依托信息化提升监管效能 ……………（118）
（四）科技创新倒逼公权力规范化 …………（120）
（五）智慧化促进政社企协调合作 …………（121）
（六）智慧化服务多元纠纷化解 ……………（122）

四　珠海市智能平安社会建设完善方向 ……（123）
（一）与时俱进强化信息化基础设施
　　建设 ………………………………………（124）
（二）破除瓶颈障碍强化大数据深度
　　应用 ………………………………………（125）
（三）信息产业发展与智能治理良性
　　互动 ………………………………………（127）
（四）完善信息安全保障与个人信息
　　保护 ………………………………………（129）

第六章 珠海市平安社会建设经验和面临的困难 (132)

一 珠海市平安社会建设取得的经验 (132)

（一）守住法治底线是珠海平安社会建设的前提 (132)

（二）推动体制创新是珠海平安社会建设的关键 (135)

（三）激发基层活力是珠海平安社会建设的基础 (139)

二 珠海市平安社会建设面临的困难 (143)

第七章 社会治理与平安建设的发展方向 (145)

一 坚持依法治理，完善平安建设法治保障 (146)

二 坚持协同治理，扩大平安建设公众参与 (147)

三 坚持创新治理，增强平安建设基层活力 (149)

四 坚持智慧治理，强化平安建设技术保障 (150)

第一章 珠海市平安社会建设的背景

改革开放以来,随着社会财富的迅速积累和人民生活水平的提升,新旧社会矛盾日益积累并有急剧爆发的趋势,经济社会发展和变迁给社会治理带来新的问题和挑战,中国开始步入社会风险高发阶段,面临加强和创新社会治理的艰巨任务。[①] 平安建设是当前中国社会治理中的一项基础性工作。建设平安中国,加强和创新社会治理,是党的十九大明确提出的重要目标和任务,是"十三五"规划纲要的重要内容,是维护社会和谐稳定,确保国家长治久安、人民安居乐业的重要工程,是实现国家治理体系和治理能力现代化,不断提升人民群众获得感、幸福感和安全感的必然要求。

---

① 参见薛澜《国家治理框架下的社会治理——问题、挑战与机遇》,《社会治理》2015年第2期。

社会治理和平安建设的重点和难点在基层，活力和动力也在基层，推动平安中国建设既有赖于中央的顶层设计和统筹协调，也离不开地方的探索实践。应当在总结地方实践经验的基础上，着力打造共建共治共享的社会治理格局，积极推进基层社会治理创新，坚持专项治理与系统治理、综合治理、依法治理、源头治理相结合，全面提升平安建设的社会化、法治化、智能化、专业化水平。

一　社会治理与平安建设目标的提出

（一）社会管理的提出

2004年9月，党的十六届四中全会通过《中共中央关于加强党的执政能力建设的决定》，提出"加强社会建设和管理，推进社会管理体制创新"。2006年10月，党的十六届六中全会通过《中共中央关于构建社会主义和谐社会若干重大问题的决定》，强调"完善社会管理，保持社会安定有序"，提出加强社会管理，维护社会稳定，是构建社会主义和谐社会的必然要求，必须创新社会管理体制，整合社会管理资源，提高社会管理水平，健全党委领导、政府负责、社会协同、公众参与的社会管理格局，在服务中实施管理，在管理中体现服务。2007年10月，党的十七大报告提出要"建立健全党委领导、政府负责、社会协同、公众参与的社会管理格局"。社会管理被纳入更完备的体系性框架之中，社会管理创新也就成为2007年年底全国政法工作电视电话会议所强调的"社会矛盾化解、社会管理创新、公正廉洁执法"三项重点工作的组成部分之一，是指导中国精神文明建设的重要纲领。2012年11月，党的十八大提出，社会管理体制要突出党委领导、政府负责、社会协同、公众参与、法治保障五个方面，把法治保障加入了社会管理体制。"社会管理"概念的提出和深化，在中国社会建设历史中具有重要意义。

（二）社会治理的深化

党的十八大以来，中央根据经济社会发展的新形势、新要求，提出加强和创新社会治理的目标和任务，并在实践中不断予以深化。

2013年11月，党的十八届三中全会作出"创新社会治理体制"的重大部署，提出"全面推进平安中国建设"的目标。2015年10月，党的十八届五中全会明确了"加强和创新社会治理"的任务，提出完善党委领导、政府主导、社会协同、公众参与、法治保障的社会治理体制，推进社会治理精细化，构建全民共建共享的社会治理格局。2017年10月，党的十九大围绕"打造共建共治共享的社会治理格局"的目标，进一步深化了社会治理部署，提出"提高社会治理社会化、法治化、智能化、专业化水平"的要求。"打造共建共治共享的社会治理格局"，是对以往"完善党委领导、政府负责、社会协同、公众参与、法治保障的社会治理体制"认识拓展和理念的进一步升华。简洁而凝练的"共建""共治""共享"三词，凝聚了党的十八大以来党和全国人民社会治理探索的集体智慧，既是对过去5年社会治理实践探索的总结，也是给未来社会治理的发展和创新提出的新目标和新要求，从根本上体现了以人民为中心的主体定位，内含着对全体人民意志的遵从，对全体人民参与权利的肯定，对全体人民利益的敬畏。[①]

加强和创新社会治理，是中国社会主义社会发展规律的客观要求，是人民安居乐业、社会安定有序、国家长治久安的重要保障。[②] 从单一的"社会管理"到综合的"社会治理"，反映了中国共产党执政理念的新提升，昭示着中国治理模式正在发生深刻变化，对推进国家治理体系和治理能力现代化具有重要意义。[③]

[①] 参见马庆钰、单苗苗《准确理解共建共治共享的内涵》，《学习时报》2017年11月8日第2版。

[②] 参见孟建柱《加强和创新社会治理》，《人民日报》2015年11月17日第6版。

[③] 参见邵光学、刘娟《从"社会管理"到"社会治理"——浅谈中国共产党执政理念的新变化》，《学术论坛》2014年第2期。

(三) 平安建设的目标

平安建设是当前中国社会治理中的一项基础性工作。加强和创新社会治理，是建设平安中国的基本途径。2013年5月，习近平总书记就建设平安中国作出重要指示，强调把人民群众对平安中国建设的要求作为努力方向，坚持源头治理、系统治理、综合治理、依法治理，努力解决深层次问题，着力建设平安中国，确保人民安居乐业、社会安定有序、国家长治久安。[①] 2016年10月，习近平总书记就加强和创新社会治理作出重要指示，强调要继续加强和创新社会治理，完善中国特色社会主义社会治理体系，努力建设更高水平的平安中国，进一步增强人民群众的安全感。[②] 社会治理和平安建设日益融为一个密不可分的整体。全面深化平安建设，必须将其放在加强和创新社会治理全局中去谋划和实施。

党的十八大以来，中央有关部门提出"在更高起点上全面推进平安中国建设"的新目标、新任务。

[①] 参见《习近平就建设平安中国作出重要指示强调：把人民群众对平安中国建设的要求作为努力方向 确保人民安居乐业社会安定有序国家长治久安》，《人民日报》2013年6月1日第1版。

[②] 参见《习近平就加强和创新社会治理作出重要指示强调：完善中国特色社会主义社会治理体系 努力建设更高水平的平安中国》，《人民日报》2016年10月13日第1版。

2013年5月、2014年11月，中央政法委、中央综治委先后在江苏苏州、湖北武汉召开深化平安中国建设工作会议和深化平安中国建设会议，强调要积极适应全面建成小康社会新要求和人民群众新期待，继承优良传统，积极改革创新，着力把握规律，下大气力解决影响社会和谐稳定的突出问题，加强源头性基础性工作，在更高起点上全面推进平安中国建设，努力建设领域更广、人民群众更满意、实效性更强的平安中国，为全面建成小康社会、夺取中国特色社会主义新胜利作出新贡献。[①] 提出坚持问题导向、法治思维、改革创新，发挥法治的引领和保障作用，进一步加强基础建设，完善立体化社会治安防控体系，提高平安中国建设能力和水平，有效防范化解管控影响社会安定的问题，进一步提升人民群众安全感和满意度。[②]

"平安"是一个比"治安"宏大得多的范畴，是指社会矛盾能得以化解、社会冲突能得以调适、社会富裕能得以保障、社会正义能得以伸张、社会公平能得以实现、社会和谐能得以实现："平安中国"就是要在中国打造出经济建设欣欣向荣、人民群众安居乐

[①] 参见孟建柱《在更高起点上全面推进平安中国建设》，《求是》2013年第12期。
[②] 参见《孟建柱在深化平安中国建设会议上强调：认真学习贯彻党的十八届四中全会精神　以法治为引领深入推进平安中国建设》，《法制日报》2014年11月4日第1版。

业、国际交往合作共赢的局面。① 在协调推进"四个全面"战略布局、坚持"五大发展理念"的今天,"平安"被赋予特殊的意义和价值,平安是民生得以保障的标志,是经济可持续发展的前提,是全面小康得以实现的根本。

二 社会治理与平安建设面临的挑战

党的十八大以来,中国统筹推进"五位一体"总体布局,协调推进"四个全面"战略布局,不断加强和创新社会治理,推进社会建设,平安建设取得了突出成效。当前,中国发展处于可以大有作为的重要战略机遇期,也面临诸多矛盾叠加、风险隐患增多的严峻挑战,平安建设任重而道远。②

(一) 社会结构的深刻变化

中国社会结构在深刻变化。在传统的治理格局下,人被分割在不同单位(城镇)与集体(农村)之中,

---

① 参见《平安社会:美好社会的根基——〈非传统安全与平安中国丛书〉总序》,载中国绍兴市委党校、绍兴市"枫桥经验"研究会编《"枫桥经验"与新城镇社会管理创新研究》,中国社会科学出版社2013年版。
② 参见谈志林《社会治理创新的成效、挑战与推进路径》,《社会治理》2016年第4期。

社会结构几乎处在长期固化状态，单位（或集体）治理就是社会治理的同义语。伴随改革开放而来的一个直接结果，就是中国人已从过去的"单位（或集体）人"变成了"社会人"，整个社会结构也由原来简单的工农联盟变成了日益分化的不同阶层。而老年型社会的到来与不断深化，呈现出来的是家庭规模小型化与少子高龄化现象，代际关系也不再像过去那样紧密。社会结构的深刻变化，要求社会治理和平安建设的与时俱进。

然而，目前中国社会治理和平安建设体制机制仍显落后，难以适应新时代社会发展的内在要求。一方面，社会治理和平安建设法律体系不健全。在过去的一个时期，中国偏重经济领域立法，社会领域立法相对不足。当前平安建设创新尚处于探索阶段，最突出的问题是缺乏社会治理和平安建设的有效法律保障，一些涉及保障改善民生、推动社会建设、解决社会矛盾纠纷和完善社会风险防范的法律缺位，[①] 制度供给严重不足。另一方面，社会治理和平安建设观念相对滞后。当今中国经济社会发展和法治的进步，要求政府职能逐步实现从以社会管理控制为主到社会管理与服

[①] 参见刘洪岩《社会管理创新的法制化途径》，载中国社会科学院法学研究所等编《法治与社会管理创新》，中国社会科学出版社2012年版，第4页。

务并重且以公共服务为主的转变，然而一些地方和部门在推进社会治理和平安建设中，重权力轻权利、重管理轻服务、重效率轻公平的现象仍然存在，反映了治理理念的滞后。同时，社会治理和平安建设方式仍比较单一。在计划经济时代，政府管理经济社会事务的手段以行政命令为主，形式比较单一，随着社会主义市场经济体制的确立，社会治理手段也应走向多样化，并开始以经济手段、法律手段为主，但从社会治理和平安建设的实践来看，行政手段仍然是一些地区采取的主要手段，难以适应新形势下社会治理和平安建设的现实需要。

（二）利益格局的深刻调整

中国利益格局在深刻调整。面对多年形成的利益失衡格局，新时期深化改革的核心任务，就是要打破利益失衡与利益固化的藩篱，通过增量改革与存量结构调整来实现全民合理分享国家发展成果，同时畅通不同社会阶层向上流动的通道，形成利益相对均衡的新常态，这必然触及一些人的既得利益，由此导致的社会问题可能更加复杂，需要通过社会治理解决的问题也会更加复杂。

尤其是近年来，中国经济发展进入新常态，这既对加强和创新社会治理提出了迫切要求，也给平安建设带来新的挑战。① 近年来，中国经济发展进入新常态，一方面，经济增速放缓，一些地区经济面临较大的下行压力，市场主体生产经营困难，地方财政收入受限，政府提供公共服务和民生保障的能力被削弱，劳动、社保、环保等领域矛盾数量激增，一些群众缺乏收入来源生活困难，社会风险点增多，如果处理不当，有可能造成个人极端事件或者群体性事件。另一方面，政府着力深化改革，调整优化经济结构，处置"僵尸企业"，化解过剩产能，难免会带来改革的"阵痛"，深刻改变既有的权利结构和社会利益格局，容易催生一些新的社会矛盾和问题。经济新常态不是孤立现象，它必然会影响社会领域，带来社会治理的新态势，这就对社会治理和平安建设提出了新的更高的要求。

（三）民生诉求的全面升级

中国民生诉求在全面升级。共同贫穷的时代早已成为历史，新时期的民生诉求已不再满足于吃饭、穿衣问题，而是普遍要求公平正义与全面提升生活质量，包括对教育、就业、分配、社会保障、安全、环境、健康等的诉求都在持续升级。人们的维权意识与维权

---

① 参见郁建兴《走向社会治理的新常态》，《探索与争鸣》2015年第12期。

方式也在发生重大变化，从个体维权到集体维权，从底线维权到发展维权，正在成为一种新常态。

人民群众日益增长的美好生活需要，给加强和创新社会治理、促进平安建设带来更大压力。中国特色社会主义进入新时代，中国社会主要矛盾已转化为人民日益增长的美好生活需要和不平衡不充分的发展之间的矛盾。当然，中国仍处于社会转型期，历史上长期积累起来的深层次问题凸显的同时，一些新的社会问题和不确定因素也随之出现，社会结构、利益结构不断调整，社会阶层重新分化，利益诉求多样化，社会矛盾和社会风险累积，社会问题更加复杂，社会治理和平安建设的难度越来越大。同时，随着全面依法治国的深入推进，人民群众的法治意识不断增强，权利意识被唤醒，[1]越来越多的群众选择拿起法律武器维护自身权益，一些群众甚至选择非常规手段维权，给社会治理和平安建设带来新的压力，一些地方面临"维稳"和"维权"的两难选择。

（四）社会生态的日益复杂

中国社会生态日益复杂化。人们的价值取向已经多元化，舆论生态亦已经多元化，传统的与现代的、

---

[1] 参见马怀德《法治政府建设：挑战与任务》，《国家行政学院学报》2014年第5期。

境内的与境外的、"左"的与右的观念并存,而发达的互联网则成了放大器。全国现有7.7亿网民、14.2亿手机用户、5亿微博用户、9亿微信用户,社交端口同时在线人数突破了2亿,互联网正在全方位地改变人们生活的方方面面,揭示了新时期的社会治理不可能再简单地延续过去的方式方法了。

经过近四十年的发展,中国城市化和信息化的深入推进使社会问题更加凸显,社会治理和平安建设的难度不断增加。城市化和信息化的深入推进是近年来中国发展的突出特色和亮点,在给经济社会发展和人民生产生活带来便利的同时,也给社会治理和平安建设带来新的问题。实践证明,处于城市化加速期的国家,法治发展都面临众多社会矛盾,法治状况也往往处于非理想状态。[①] 城市是人类问题的聚集区,也是社会问题的聚集区,城市化带来了社会问题的集中,而信息化则凭借其便捷性有可能带来社会问题影响力的扩大,城市化、信息化带来的社会问题"集中"和"扩大"使得社会问题的复杂性、风险性和危害性都更加凸显。受国际形势的影响,中国各类传统安全问题和新型安全问题交织,面临的恐怖袭击等风险上升;同时,网络安全、环境安全等新型安全问题不断涌现,

---

[①] 参见蒋立山《中国法治"两步走战略":一个与大国成长进程相结合的远景构想》,《法制与社会发展》2015年第6期。

且有扩大、蔓延的态势。如何创新城市安全治理、网络安全治理，确保城市公共安全和网络安全，是加强和创新社会治理、推进平安建设必须完成的艰巨任务。

三 珠海市推动平安社会建设的背景

郡县治，天下安。加强和创新社会治理，推动平安建设，必须发挥地方和基层的积极性。为客观反映中国社会治理和平安建设的现状，总结中国社会治理和平安建设的经验与不足，为加强和创新社会治理、推动平安中国建设提供借鉴，中国社会科学院国家法治指数研究中心、中国社会科学院法学研究所法治指数创新工程项目组对一些地区平安社会建设实践进行了调研，并选择广东省珠海市为样本进行了分析和总结。

广东省地处中国改革开放最前沿，起步较早的经济体制改革为这片土地的经济释放了活力，积累起丰富的物质财富，开放的市场机制则为这片土地上生活的人们带来思想意识上的革新。珠海市位于广东省南部，珠江入海口西岸，背靠大陆，面向南海，是中国最早的四个经济特区城市之一，与澳门特别行政区毗邻，与香港特别行政区隔海相望。地缘因素为珠海创新社会治理、推动平安社会建设和完善法治实践，营造了良好氛围。

珠海市地处中国经济最为发达的地区之一，经济发展和城市建设具有东部沿海发达城市的一般特征，同时又呈现出鲜明的地方特色，其中最突出的就是经济社会的协调发展。改革开放以来特别是党的十八大以来，珠海市站在协调推进"五位一体"总体布局的高度，将社会建设摆在经济社会发展大局中更加突出的位置，坚持在充分发挥经济体制改革"试验田"作用的同时，在社会建设领域也积极先行先试，不断完善体制机制，着力保障改善民生，大力培育发展和规范管理社会组织，探索建立与社会主义市场经济相适应的社会治理模式，社会大局和谐稳定，社会建设初见成效，"宜居""幸福"逐渐成为珠海的城市名片。

同时，珠海市作为改革开放前沿和广东省社会管理体制改革先行先试地区，先期遇到了经济社会主体多元、利益诉求多样、社会矛盾增多、管理难度加大等种种挑战和压力，遇到了社会建设滞后于市场经济发展、社会治理短板制约市场经济转型升级等普遍性问题。随着中国经济发展进入新常态，珠海市面临转型升级的历史任务。"一带一路"倡议和粤港澳大湾区建设，对珠海市建设法治化、国际化营商环境提出了新的更高要求，地处国际交流和港澳合作前线则为珠海市社会治理和平安建设带来新的特殊问题。

2013年1月,珠海市委、市政府印发《关于全面创建平安珠海的意见》,对加强和创新社会治理、深化平安建设作出战略部署。2014年,珠海市委、市政府作出"创建社会建设示范市"的部署,把创建社会建设示范市作为建设"生态文明新特区、科学发展示范市"的重要内容加以谋划,强调"着力完善社会管理机制,建设平安珠海"。2016年6月,珠海市委、市政府印发《关于社会领域制度建设规划(2016—2020年)的意见》,进一步明确深入推进社会治安综合治理机制建设,对珠海市平安社会建设作出全面部署。强调完善平安珠海创建工作责任体系,建立科学合理的社会治安综合治理考评体系,实行以平安指数为核心的治安情况通报机制。推动制定珠海市公共安全技术防范管理条例,规范公共安全技术防范系统的建设、管理和应用,以社会化、信息化、网络化为重点,扎实推进社会治安防控体系建设,建立社会运行监测机制,建立多层次、立体化、全覆盖的社会形势监测体系,加强对社会治安的评估分析,深入开展重点地区和突出问题的治安整治。制定《珠海经济特区公安机关警务辅助人员管理办法》,明确警务辅助力量的定位、职责、任务、保障及考核等,落实"人防"制度建设。完善珠海市老旧小区综合整治管理制度,提升老旧小区安全防范水平。制定《珠海经济特区社区矫正工作办法》，完善社区矫正和安置帮教工作机制，切实保障社区矫正工作机构的建立以及资金和人力投入，规范社区矫正程序，改善社区矫正方式，促进社区矫正人员回归社会。健全各级应急管理机构，完善各类突发事件应急预案体系，推动应急服务综合平台建设，提升应急联动和应急管理区域合作水平。建立统一指挥、分级负责、部门协作、反应迅速、协调有序、运转高效、保障有力的突发事件应急处置机制，健全突发事件新闻发布机制、心理干预机制和公众情绪评估预警机制，妥善处置突发事件，及时疏导社会情绪。健全反恐工作机制，有效防范处置各类暴力恐怖事件。

2016年12月，珠海市第八次党代会贯彻创新、协调、绿色、开放、共享的新发展理念，提出"在转变政府职能、完善市场体系、优化营商环境、创新社会治理等方面率先探索、走在前列"的目标，吹响了新时期珠海市创新社会治理、深化平安社会建设的号角。会议强调创新社会治理，必须着眼于维护人民群众的根本利益，最大限度增加和谐因素，增强社会发展活力，确保人民安居乐业、社会安定有序。要健全党委领导、政府主导、社会协同、公众参与、法治保障的机制，广泛深入开展城乡社区协商，构建全民共建共享的社会治理格局。完善基层政府功能，推动重心下移、资源下沉，切实发挥好区、镇（街）、村（居）

的社会管理职能。以网格化管理、社会化服务为方向，健全基层综合服务管理平台，及时反映和协调人民群众各方面利益诉求。加强对社会组织的培育和监管，完善政府购买服务机制，支持社会组织参与提供公共服务，引导社会组织健康发展。支持各类社会主体自我约束、自我管理，发挥市民公约、乡规民约、行业规章等社会规范的作用。积极推进常住人口市民化，统筹抓好户籍制度改革和基本公共服务均等化，稳步推进城镇基本公共服务向常住人口全覆盖。

近年来，珠海市按照党中央、国务院和中央有关部门关于加强和创新社会治理、建设平安中国的部署，坚持社会治理和平安建设社会化、法治化、智能化、专业化的要求，着力完善平安建设体制机制，推动平安建设精细化管理，扩大平安建设社会参与，筑牢平安建设基层基础工作，加强立体化社会治安防控体系建设，在做好社会治理和平安建设常规工作的同时，开展了具有珠海特色的积极探索和创新，取得了积极成绩，为全国范围内加强和创新社会治理、推进平安中国建设提供了借鉴。

第二章 以社会治理法治化推动平安建设规范化

一 社会治理法治化概述

法治是规则之治。只有将法治作为国家治理体系和治理能力现代化的核心内容，才能保证国家和社会治理的规范性、科学性、稳定性。这就要求社会治理必须走法治化的道路，因为法治不仅是社会治理的合法性来源，也是增强社会治理的权威性和公信力的根本保障。法治作为社会治理创新的最优模式，应该回应社会发展过程中面临的种种问题，善于运用法治思维构建社会行为有预期、管理过程公开、责任界定明晰的社会治理体系，善于运用法治方式把社会治理难题转化为执法司法问题加以解决。没有法治，社会治理只会是"空中楼阁"。只有及时把社会治理中的成熟经验、做法上升为立法或制度规范，才能巩固平安创建成果，夯实长治久安的制度根基。必须针对发展变化的新形势，加快社会治理的立法进程，将社会治理工作纳入法治化轨道，确保社会治理真正有法可依。由此，加强和创新基层治理，推进平安中国建设必须完成平安社会治理的法治化转化。

推进社会治理法治化的最终目的，是更好地实现好、维护好、发展好最广大人民群众的根本利益，使广大人民群众共享法治红利。推进社会治理法治化必须以人民参与为基础、以人民满意为检验标准。建立健全代表反映人民群众意见和诉求的处理反馈机制，拓宽和畅通社情民意表达和反映渠道，发挥人大代表桥梁纽带作用，强化立法和政策的民意基础。完善行政复议、仲裁、诉讼等法定诉求表达机制，发挥人大代表、政协委员、人民团体、社会组织等的诉求表达功能。全面推进覆盖城乡居民的布局均衡、配置合理、组合科学的基本公共法律服务体系建设，积极培育公共法律服务志愿者，增强公共法律服务供给能力，努力让人民群众在法律实践中感受到公平正义。

平安社会建设一直是广东省法治建设的重点项目。为认真贯彻落实《中共广东省委、广东省人民政府关于全面创建平安广东的意见》（粤发〔2012〕19号），广东省制定了《创建平安广东行动计划（2012—2022年）》。计划提出，通过广泛深入地开展创建平安广东工作，着力解决影响社会和谐稳定的基础性问题，实现"一强二升三降"（群众安全感不断增强；破案率、起诉率、审结率、执结率、调解率上升，人民群众对政法工作的满意度上升；重大刑事案件数下降，重大群体性事件数下降，重大安全事故数下降）的目标。经过5—10年的努力，把广东省建设成为全国社会管理创新的排头兵、社会和谐稳定的示范区、人民群众安居乐业的法治省。"十二五"时期，广东全省司法行政机关全面贯彻落实党的十八大和十八届三中、四中、五中全会精神，深入学习贯彻习近平总书记系列重要讲话精神和对司法行政工作重要指示，贯彻落实十一届广东省委历次全会决策部署，紧紧围绕"四个全面"战略布局，围绕广东实现"三个定位、两个率先"目标，锐意进取，忠诚履职，各项工作取得了明显成效，为平安广东、法治广东建设作出了积极贡献。

"十三五"时期是全面建成小康社会决胜阶段。综观国内外形势，随着经济发展进入新常态，中国发展仍处于可以大有作为的重要战略机遇期，同时也面临矛盾纠纷叠加、风险隐患增多的严峻挑战。广东地处改革开放前沿，在经济社会持续中高速发展的同时，也面临不少问题和挑战，地区发展不平衡，民生社会事业发展相对落后等矛盾依然突出，利益格局深刻调整，社会矛盾多样多发，社会治安形势比较严峻。随着全面依法治国进程不断推进,经济社会和人民群众对法律服务的需求日益增长,对法治保障的要求越来越高,广东省司法行政机关服务经济社会发展、服务法治平安广东建设、维护社会公平正义和维护社会和谐稳定的任务更加繁重。作为维护国家安全和社会稳定的重要力量,广东省各级政法综治部门保持清醒的头脑,强化政治意识、大局意识、责任意识和忧患意识,忠诚履行职责,进一步增强工作的预见性、主动性,开拓新思路,打造新高地,发扬广东人敢为人先的精神,发挥司法行政各项职能作用,提高服务广东省率先发展的能力和水平。

2017年,广东省委政法委发布《关于深入推进"平安细胞"建设工作的通知》(粤政〔2017〕22号),要求以习近平总书记系列重要讲话精神为指导,深入贯彻落实中央关于深化平安中国建设的决策部署,动员组织社会各方力量,以村(居)、社区、单位、家庭等"社会细胞"为基本元素,深入推进平安镇(街)、平安村(居)、平安行业、平安家庭等平安细胞创建活动,实现"平安细胞"创建全覆盖。

正是在广东全省深入推进社会治理创新和"平安广东"创建过程中,珠海市从立法、执法(专项整治)、多元纠纷解决、法律服务四个方面展开了社会治理法治化道路。

二 科学立法，加强基层治理制度保障

立法体系是国家制定并以国家强制力保证实施的规范性文件的系统，如宪法、法律、行政法规、地方性法规等组成的系统。2008年以来，珠海在社会建设领域积极实践和大胆探索，先后在基本公共服务、社会治理创新等领域制定和出台一系列地方性法规、规章和规范性文件，初步形成了具有珠海特色社会建设模式。但随着经济发展，社会建设领域出现新情况新问题，亟待通过制定相关制度文件做好社会领域制度的顶层设计，指导未来珠海社会领域的制度建设。

为深入贯彻落实党的十八大精神，全面落实党中央、国务院和广东省委、省政府关于加强和创新社会管理、深化平安建设的战略部署，2013年珠海市发布《中共珠海市委 珠海市人民政府关于全面创建平安珠海的意见》，就全面创建平安珠海提出一系列的措施。珠海市提出平安建设的法治保障。把法治建设贯穿始终，推进依法行政，严格规范公正文明执法，确保审判机关、检察机关依法独立公正行使审判权、检察权，树立法律权威，营造良好法治环境，使法治成为平安珠海的核心与灵魂。就立法方面而言，珠海市提出积极推进社会管理立法。用好用足珠海经济特区立法权

和较大的市立法权，借鉴欧美等发达国家和地区以及中国港澳地区等的经验和做法，加强社会领域立法，加快推进保障公民权利、发展社会事业、健全社会保障、规范社会组织、加强社会管理等方面的立法，建立健全社会管理法制体系，依靠法律来规范公民、法人和其他社会组织的行为，协调和理顺社会关系。

2016年珠海市发布的《中共珠海市委 珠海市人民政府关于社会领域制度建设规划（2016—2020年）的意见》就提出深入推进社会治安综合治理机制建设。《意见》明确提出了未来五年珠海社会领域制度建设的总体思路和主要目标，并将社会领域制度建设分为基本公共服务领域、基层社会治理领域、社会组织领域和社会治理机制四个部分。《意见》还提出需要制定或修订的社会领域的主要制度共47项，其中，基本公共服务领域28项、基层社会治理领域4项、社会组织领域4项、社会治理机制领域11项。《意见》提出，完善平安珠海创建工作责任体系，建立科学合理的社会治安综合治理考评体系，实行以平安指数为核心的治安情况通报机制。推动制定珠海市公共安全技术防范管理条例，规范公共安全技术防范系统的建设、管理和应用，以社会化、信息化、网络化为重点，扎实推进社会治安防控体系建设，建立社会运行监测机制，建立多层次、立体化、全覆盖的社会形势监测体系，加强对社会治安的评估分析,深入开展重点地区和突出问题的治安整治。

在《关于全面创建平安珠海的意见》和《社会领域制度建设规划(2016—2020年)》实施期间,珠海市积极行使地方立法权,形成了一批围绕平安社会的地方法规与规章。如2013年10月30日珠海市第八届人民代表大会常务委员会第十四次会议通过的《珠海经济特区社会建设条例》。《条例》作为珠海市第一部综合性社会建设方面的地方性法规立法项目,有其特定的立法背景和意义。目前珠海市社会、经济等各方面已步入转型期,怎样创新社会管理、实现社会的优化建设,是目前摆在珠海面前的一道难题。制定《条例》旨在通过对社会建设的各个方面进行立法规范和引导,为珠海社会建设提供有力的法律支撑,实现社会管理与经济、文化等各方面建设的协调发展,从而有效地推动珠海社会建设事业的顺利进行。《条例》在基本公共服务、社区建设、社会组织发展以及社会管理创新等方面作出了科学、合理的制度安排,亮点突出表现在以下几个方面:实现基本公共服务均等化,作为建设幸福广东的一项主题工程,是平安珠海建设的必然要求。《条例》通过探索创新在教育公平、就业促进、医疗保障、住房保障、非户籍人口管理、异地务工人员基本公共服务等多方面的新型管理模式,深入推进珠海市基本公共服务均等化进程。社区是现代社会一个基本的存在单元，幸福社区的建设与老百姓的幸福生活息息相关。《条例》通过对社区资源、社区管理、社区自治等多方面予以规范，为珠海幸福社区的创建提供一个良好的法律制度保障。《条例》通过对社会组织在入口控制、过程管理以及政府职能承接等方面的创新性规定，在优化社会组织管理模式的同时，让政府不断向社会组织释放、转移和委托更多的资源和职能，更好地发挥社会组织在参与社会公共事务管理中的作用，进而推动法治政府、廉洁政府以及服务型政府的建设。《条例》通过在法定机构改革、网络政务建设以及公众参与机制等多方面的创新性规定，优化社会管理模式，增强社会建设决策透明度和公众参与度，以在全市营造健康、和谐、民主的社会管理氛围。社会建设立法不仅是一项涉及老百姓切身利益的系统性工程，也是落实法制建设工程，创建平安珠海的重要工作。通过制定《条例》，在珠海市构建起与市场经济相适应的社会治理模式，为珠海市社会建设提供良好的法制保障，从而有效地推动社会和谐、人民安居乐业的平安珠海建设。

此外，珠海市为了健全平安法制体系，推动出台了《珠海经济特区见义勇为人员奖励和保障条例》《珠海经济特区公共安全技术防范管理条例》《珠海经济特区养犬管理条例》等地方性法规，修订完善《珠海经济特区物业管理条例》等，进一步强化了平安建设的法制保障。到 2017 年，《珠海经济特区见义勇为人员奖励和保障条例》《珠海经济特区见义勇为人员奖励和保障条例实施办法》颁布实施 3 年，带来的最大变化是，让见义勇为这个原本属于道德范畴的概念迈进法治化、制度化、高效化运作轨道，从制度上对见义勇为人员进行全方位保障，成为珠海依法治市的重大成果。这两份文件的出台意味着珠海对见义勇为不再局限于以精神鼓励为主的架构，而是有了一套完整的机制保障，让见义勇为者不再有后顾之忧，同时对其他人也能起到巨大的鼓舞作用。《珠海经济特区见义勇为人员奖励和保障条例》的出台在广东省都是先行先试，有着很强的示范效应，既为珠海市的精神文明建设发挥了重要作用，也已成为珠海城市文明的一张亮丽名片。

针对当前技防行业管理仍强调事前审批管理、重许可轻监管的现状，《珠海经济特区公共安全技术防范管理条例》明确了政府和部门的"权与责"，规定珠海市公共安全技术防范重点公共区域和重点单位应安装技防系统。城市主要出入口、主要道路、桥梁、隧道等被列为技防重点公共区域，新闻单位、交通枢纽、大型群众性活动场所、新建居民住宅小区和已建成并有安装条件的居民小区出入口和周界等被列为技防重点单位。《条例》还规定，公共安全技术防范重点公共区域和重点单位技防系统采获的视音频、出入记录等信息存储时间不得少于30日，重点反恐目标采集的视频图像信息保存期不得少于90日。同时禁止在旅馆客房等涉及他人隐私的场所和部位安装、使用具有视音频采集功能的技防系统，在具有视音频采集功能技防系统的覆盖区域设置具有明显提示功能的标识。

珠海市还加强社会领域立法，出台《珠海经济特区志愿服务条例》《珠海市社会工作促进办法》等一批在全国具有创新性、示范性的法规规章。成立"社会创新专家咨询委员会""社会管理民情观察员队伍""社会创新研究基地"三大平台，举办系列高端专家论证会，发挥决策咨询作用，该做法获评"2014年广东省政府治理能力现代化优秀案例"。

平安社会治理的主要部门是公安，因此，公安的依法行政建设有助于人民群众的满意。珠海公安围绕依法治国的总体要求，制订出台《珠海市公安局关于推进法治公安建设的意见》，将传统意义的法制工作提升至"法治公安"建设高度。珠海把案审改革作为全市公安工作改革的破局之举，明确了"刑侦延续、法制提前"的办案模式，初步形成了集质量把关、讯问攻坚、深挖扩线、执法监督、打防调研等职能于一体的珠海刑事案件审查模式。同时，为实现对执法办案和行政管理工作事前、事中、事后全方位监督，珠海还构建了"大监督"体系，全面整合法制、督察、案审、审计、信访部门的监督职责，推动公安内部执法监督权的科学配置和高效运行。珠海公安还在全国率先制订出台《珠海经济特区行政执法与刑事司法衔接工作条例》；在市公安局、各公安分局治安部门增设专门机构，推动警察权向环境保护、食品安全管理、城市管理等社会管理领域的合法适度延伸；首创人民调解与行政调解无缝对接的"珠海模式"；率先创立律师无障碍会见机制；创新推出了案件办理信息公开平台，率先在全省实现了刑事和行政案件办理信息网上公开，在国内外引起较大反响。

三　严格执法，破解平安建设难点问题

根据《广东省依法行政领导小组办公室关于就〈法治政府建设实施纲要（2015—2020年）〉和〈广东省法治政府建设实施纲要（2016—2020年）〉贯彻落实情况进行督查的通知》（粤府法治办〔2017〕4号）的要求，广东省政府办公厅印发《广东省创建珠三角法治政府示范区工作方案》，推动广东省法治政府建设工作走在全国前列，并要求到2018年，珠三角地

区基本建成"职能科学、权责法定、执法严明、公开公正、廉洁高效、守法诚信"的法治政府。珠海市及时按照《示范区方案》要求，结合珠海实际，于2016年8月13日制定了《珠海市率先基本建成法治政府实施方案（2016—2018年）》（珠府办函〔2016〕170号），对《示范区方案》中的工作任务进行了细化分解，明确了责任单位，并明确了各项工作的完成进度和时间节点。

在《广东省法治政府建设实施纲要（2016—2020年）》与《示范区方案》的指引下，珠海市深化行政执法体制改革，坚持严格规范公正文明执法。一方面，珠海市推进综合执法，加大整合力度，深化横琴新区综合行政执法体制改革试点。探索市场监管体制改革，在区一级整合工商、质监、食药监、知识产权、物价检查等职能，组建综合市场监督管理部门，构建决策科学、执行高效、监督有力的大市场监管格局，营造良好市场环境。推动执法重心下移，完成农业、劳动监察综合行政执法体制改革，理顺市、区执法职责，加强人员配备，提高执法能力和水平。

另一方面，珠海市开展依法行政考评工作，规范行政执法行为。根据《广东省人民政府办公厅关于印发〈广东省2016年度依法行政考评方案〉的通知》的部署，2017年4月中旬，广东省政府依法行政考评组赴珠海市开展2016年度依法行政考评实地考评，并抽查了市司法局、市人力资源和社会保障局、香洲区政府和香洲区人力资源和社会保障局。根据《珠海市行政执法案卷评查办法》的规定，2017年珠海市共组织对全市20多个行政执法主体2016年制作的90多宗行政处罚、行政许可案卷进行了评查，审查行政执法案件的合法性和合理性，逐一通报，提高办案质量和执法能力，促进执法人员依法行政。

在保证依法行政、建设法治政府、保证人民群众合法权益的基础上，珠海市坚持严格执法，通过强化专项治理，着力破解了一系列长期困扰珠海平安社会建设的社会治安难点问题。

一是依法打击各类违法犯罪活动。2017年以来，珠海市继续坚持打击不换频道、不减力度，以打促防、打防结合，纵深推进"飓风2017"等各大专项打击行动，全面依法打击和惩治黄赌毒黑拐骗等违法犯罪活动，全面加强命案防控工作，效果显著。截至2017年11月底，全市违法犯罪总警情数87211宗，比2016年同期下降4.14%。其中，全市共发命案18宗，破18宗，破案率100%，命案发案率与2016年同期相比下降43.8%，严重影响群众安全感的寻衅滋事案件发案率下降64.44%，故意伤害案件发案率下降13.79%，抢劫案件发案率下降8.57%，抢夺案件发案率下降

27.53%，盗窃案件发案率下降22.28%，诈骗案件发案率下降11.16%。

二是认真做好重点地区挂牌整治工作。珠海市大力推进斗门区命案问题挂牌整治工作，经过整治，斗门区命案防控工作和严重精神障碍患者救治救助工作均有了质的飞跃。截至2017年11月底，斗门区2017年命案发5宗，破5宗，破案率100%；现行命案发案数与2017年同期的9宗相比下降了44.4%，顺利通过广东省有关部门的检查验收，成功摘帽。同时，珠海市认真开展对前山街道、白蕉镇和拱北口岸地区的挂牌整治工作，促使当地治安情况不断好转。

三是强化特殊人群服务管理。珠海市持续加强对吸毒人员管理，全面推行戒毒人员网格化管理，基本构建"以三级网络为依托，以党组织书记、社区民警、网格员为主体，以服务管理为内容，各级政府统一领导，禁毒部门组织协调，相关部门密切配合，社会力量全面参与"的吸毒人员网格化服务管理工作体系。严格落实刑满释放、社区矫正等人员帮教衔接机制，做好服刑人员信息核查、刑满释放人员衔接和重点帮教对象"必接必送"工作，加大刑满释放人员安置帮教基地建设，落实刑满释放人员安置帮教政策。2017年以来，珠海市为困难刑释人员提供经济救助达12.39万元，帮助未成年子女解决就学问题2人，提供就业服务、就业信息234条，政府、社会、家庭三位一体的关怀帮扶体系得到进一步完善。健全艾滋病防治领导机制，定期召开协调会议，落实专项经费和救助政策，健全完善职能部门沟通机制，加强对艾滋病危险人群救治救助工作体系建设，连续数年未发生重大群体性事件。

四是加强严重精神障碍患者救治救助工作。珠海市严格按照广东省综治办〔2016〕1号文要求，狠抓"八应八尽"任务落实。珠海市领导多次召集会议研究珠海市严重精神障碍患者救治救助工作，珠海市综治办制定《珠海市严重精神障碍患者救治救助工作项目进展一览表》和《关于进一步落实严重精神障碍患者救治救助工作专题会议任务分解表》，细化分解各项任务。2017年10月10日，珠海市第三人民医院住院部正式挂牌运营，临时住院部正式投入使用。珠海市公立精神专科医院项目正有条不紊地推进，市精神疾病司法鉴定中心已获广东省司法厅等部门正式批准。珠海市公安局加强市强制医疗场所建设，推动建立严重精神障碍患者强制医疗制度。积极落实"以奖代补"政策，大力推进严重精神障碍患者监护人责任险制度，全市大部分地区为严重精神障碍患者监护人购买责任险。金湾区不仅投保了在册人数，还附加了非在册人员。斗门区研发的严重精神障碍患者救治救助工作信息平台，实现了底数清、情况明的工作目标，提高了工作效率，获得省综治办的高度肯定。截至2017年11月底，珠海市通过"国家严重精神障碍信息系统"登记严重精神障碍患者在册人数为6194人，检出率为3.79‰，管理率为84.95%，规范管理率为80.77%，服药率为66.06%，规律服药率为41.46%。危险性评估3级及以上患者有125人，全部列管并录入系统，其中99人住院治疗，剩余26人居家看管。

五是做好预防青少年违法犯罪工作。共青团珠海市委切实履行市预防青少年违法犯罪专项组牵头单位职责，围绕闲散青少年、有不良行为青少年、流浪乞讨青少年、服刑在教人员未成年子女、农村留守儿童等重点青少年群体，牵头与21家成员单位共同开发"12355""青春护航""亲青家园"等品牌社会服务项目，构建了以项目输送服务、以项目聚集资源、以项目促进管理的预防青少年违法犯罪工作体系。2017年以来，珠海市共输送法制教育、困难救助等服务超过8.2万人次，建立重点青少年档案1950宗，帮助异地务工青年追回劳资、工伤赔款13余万元，投入资金500余万元购买青少年社会服务，救助困难青少年5000余人次。

六是扎实开展易制爆危险化学品和寄递物流专项整治行动。珠海市严格落实危爆物品、危险化学品生产经营领域的生产经营许可、实名登记、流向备案等安全管理制度。严格落实寄递物流物品开箱验视、实名登记、X光机安检"三个100%"制度，建立全程信息化管理机制。珠海市公安局与市综治办、市邮政管理局等部门联合制定印发集中开展易制爆危险化学品和寄递物流专项整治行动工作方案，多次组织开展集中整治行动，对全市各大寄递品牌的营业网点开展明察暗访，查处一批未按要求落实的寄递企业，为全市发展特别是党的十九大胜利召开营造了安全稳定的社会环境。

七是加强铁路护路联防工作。珠海市铁路共计约55.4千米，覆盖4个区、8个镇（街）。2017年以来，珠海市综治办充分发挥护路护线联防专项组牵头职能，统筹协调各区各相关部门，采取"动中备勤""一分钟快速处置圈"等举措，健全综治、铁路和相关部门联络机制，完善高铁反恐治安联防联控、实战指挥和火车站地区联勤联动等机制，做好铁路护路联防工作，有效保障了列车运行的安全有序畅顺。香洲区投入超亿元财政资金，强化高铁沿线整治及美化绿化，创新多警种联勤联动机制，以珠海站为管控重心，突出"安、畅、恒、美"四字，构建"安全圈、护路网、防控体、风景线"四体系，效果显著。2017年8月，广东省有关部门在珠海督导高铁护路工作时，对珠海铁路护路工作给予了充分肯定。

八是开展重点社会组织清理整顿。根据广东省委政法委关于开展重点社会组织治理工作的部署和要求，珠海市综治办从2016年开始，组织各综治成员单位对全市社会组织进行了排查摸底，建立了重点社会组织工作台账，对重点社会组织实行分类管理，并择机开展专项整治行动。2017年5月21日，珠海市综治办组织香洲区和市公安、民族宗教、教育等部门，依法取缔一社会组织私设聚会点和非法办学点，教育劝散参与非法社会活动的人员140余名，对6名主要责任人及骨干进行处理和教育，有效维护国家政治安全。

四 多元纠纷解决,有效化解社会矛盾

所谓多元化纠纷解决机制，是指在社会中诉讼与非诉讼纠纷解决方式各以其特定的功能和特点，结成一种互补的、满足社会主体多样需求的程序体系和动态的运作调整系统。《中共珠海市委 珠海市人民政府关于全面创建平安珠海的意见》提出，增强创建平安珠海的系统性，统筹协调长远目标和近期目标、全局利益和局部利益、城市和农村等的关系，坚持区为主体、基层是基础，完善城乡社区多元化治理机制，提

升基层政法综治组织战斗力，全面开展"平安细胞"工程建设，夯实创建平安珠海的基层基础，实现"协同善治"。

在多元化纠纷解决机制建设方面，珠海深耕多年，"三大调解"机制衔接等工作走在广东省前列，三大调解、社会调解、行业调解衔接联运运行机制逐步完善。三大调解指的是建立党委政府主导下的人民调解、司法调解、行政调解三调联动，以人民调解为基础，司法调解为指导，行政调解全力支持的大调解机制，三大调解相互配合、有效衔接、协调联动，强力化解各类矛盾，促进社会稳定。

珠海法治建设在多元化纠纷调解上积累了丰富的经验。此前，珠海市印发了《珠海市建立人民调解、行政调解、司法调解衔接机制工作方案》《关于建立和完善以三大调解为重点的社会矛盾纠纷调解工作体系的意见》，确立了三大调解衔接机制的总体框架。为推动衔接机制的实施与完善，珠海市司法局与市公安局总结前期试点工作经验，联合制定了《关于公安派出所与驻所人民调解工作室建立案件（纠纷）委托调解制度的若干意见》。珠海市司法局与市中级人民法院会签印发了《关于加强人民调解与司法调解衔接工作的实施意见》，同时，推进衔接网络向其他矛盾纠纷比较集中的工作领域拓展，与市人民检察院会签印发了

《关于建立民事控告与人民调解衔接机制的意见》，与市住房和城乡规划建设局会签印发了《关于充分发挥人民调解组织作用化解物业管理纠纷的通知》，与市妇女联合会会签印发了《关于通过人民调解组织维护妇女儿童合法权益的意见》。为保证人民调解和行政调解、司法调解在程序上的对接，及时有效地疏导、分流、化解各类社会矛盾纠纷，珠海市司法局与相关职能部门积极协作，制定衔接实施细则，细化衔接工作流程，确保了各个衔接各环节有章可循，有力地促进了三大调解的有机衔接。如，在人民调解与行政调解衔接方面，公安派出所与驻所调解室规范了案件（纠纷）委托调解的受理、移送、审查、履行等程序。同时进一步强化效力衔接，提高衔接工作实效。通过人民调解协议的司法确认，经过人民法院审查直接交付执行，明确了调解协议的法律效力。积极推进人民调解工作平台前置，使司法行政机关与各政府职能部门的行政调解实现了优势互补，协调互动，最大限度地发挥了资源合力。随着三大调解衔接工作的制度化、规范化发展，开辟了司法行政参与综治维稳工作的新途径，搭建了化解、预防社会矛盾纠纷新平台。

近年来，在珠海市委、市政府大力支持下，珠海市人民调解工作取得了长足的进步：在广东省率先开展人民调解、行政调解、司法调解有机衔接工作试点，公、检、法、司密切配合，建立和完善了三大调解衔接工作机制和配套工作制度；建立了223人的专职人民调解员队伍及2183人的兼职人民调解员队伍，建立386个人民调解委员会，并涌现出党的十八大代表邱影、全国模范人民调解委员会——珠海市医调委等一批优秀的人民调解员和人民调解组织；与检察机关建立了轻微刑事案件委托人民调解等工作机制，进一步畅通了社会矛盾纠纷预防、疏导、分流、化解的渠道；全市每个村（居）委会均成立了人民调解委员会，每个镇（街）综治信访维稳中心、基层法院（法庭）、公安派出所均派驻专职人民调解员为群众答疑解惑。人民调解有效地化解了民间纠纷，防止了矛盾激化，缓解了政府的压力，节约了司法资源，充分发挥了人民调解预防和化解矛盾纠纷"第一道防线"的作用，成为构建和谐社会的一支重要力量。2017年珠海市共建立人民调解委员会388个，建立行业性专业性调委会46个，全市各级人民调解组织共受理各类矛盾纠纷9495件，调解成功9407件，同比调解成功率99.1%。

在基层，一些区政府积极探索多元化的纠纷解决方案。香洲区人民法院与区总工会探索"法院+工会"化解劳动争议纠纷模式。劳动争议调解工作室接受区法院委派、委托或受邀协助法院在诉前、诉中阶段对劳动争议案件进行调解，在诉后为涉案职工做好解释和安抚工作，并做好诉调对接与案件涉诉信访矛盾化解等工作。工作室人员主要由区法院劳动争议调解员委员会成员和区总工会派驻的调解员（包括工会法律工作者和特约律师）共同组成，工作人员于每周二、周四上午在工作室轮值，给当事人提供相关法律服务。劳动争议诉调对接工作室整合法院和工会各自在劳动争议方面的优势，既可以发挥法官的专业性、权威性，又能够发挥调解员在群众工作方面的特长，有利于促进当事人化解矛盾、维护社会和谐稳定。以后，法院与工会将进一步深化劳动争议案件的诉前联调、诉中委托调解等机制建设，联手共建"共同顺畅、联动及时、配合默契"的多元化纠纷解决机制，积极探索"法院＋工会"化解劳动争议纠纷的新思路、新模式，切实保障劳资双方的合法权益。

党的十九大报告指出："要支持香港、澳门融入国家发展大局，以粤港澳大湾区建设、粤港澳合作、泛珠三角区域合作等为重点，全面推进内地同香港、澳门互利合作。"法律服务和多元化纠纷解决应当成为粤港澳三地法律合作的重要突破口。2018年，珠海市首家专业商事调解机构"横琴新区国仲民商事调解中心"在横琴正式揭牌成立，为完善珠海市市场法治环境建设，快速解决经济纠纷提供了新路径。商事纠纷调解作为诉讼外争议解决的重要方式之一，具有省时、高效、专业、费用低廉等优势，是与市场经济相配套的服务机制，在国外市场体制国家和国际经贸活动中已被广泛采用。中国建立社会主义市场经济体制的历史还不长，与之配套的商事调解机制的发展还不充分。近年来，随着中国市场法治环境的日益完善，商事调解在国内开始兴起，步入建设发展轨道。横琴新区国仲民商事调解中心是珠海市首家以民办非企业法人登记形式设立的商事调解中心，性质为从事非营利性社会服务活动的社会组织。该中心的设立填补了珠海市商事调解无专业机构的空白。

该中心由珠海国际仲裁院、横琴新区金融行业协会、横琴新区消费者协会共同发起成立。目前，该中心调解范围包括当事人在贸易、投资、金融、证券、知识产权、技术转让、房地产、工程承包、运输、保险等领域的各类合同纠纷。考虑到服务对象的多样性，该中心也承担民事纠纷的调解。发展商事调解是贯彻落实党中央、广东省委和珠海市委关于法治建设的决策部署，加快法治之城建设的重要举措，也是横琴自贸区建设法治化、市场化、国际化营商环境的重要举措。横琴新区国仲民商事调解中心有关人士表示，该中心成立后，将围绕服务市场主体的目标，抓住有利时机，利用中心体制机制上的优势，为经济纠纷的快速解决提供新路径。

五　遇事找法，完善基层公共法律服务

完善基层法律服务，是引导人民群众"遇事找法"的重要前提。珠海市早在2006年就开始着手建立公共法律服务体系，积累了大量的基层法律服务经验。在中央就公共法律服务提出的新战略基础上，珠海市进一步提出诸多创新措施，为基层公共法律服务体系的建立探索多元化的可行路径，有效解决长期以来基层法律服务供给存在的问题。按照广东省司法厅的具体要求，珠海市将法治宣传育民服务、法律服务便民服务、人民调解和民服务、法律援助惠民服务和安帮矫正安民服务这五项统一纳入法律服务平台。平台的硬件载体完成全覆盖的公共法律服务中心。法律服务中心在职能上进行全口径整合，打破了部门界限，整合各部门职能，将司法行政的法律服务范围统一归口。

珠海市2013年就实现了全市318个村（居）法律顾问全覆盖，到2015年年底市区、镇（街）、村（居）三级公共法律服务实体平台建设全部完成。新建法律服务中心，已基本实现"一站式"服务，区级公共法律服务项目全部做到前台办理。公共法律服务平台向基层末梢的深入，有效解决了服务群众"最后

一公里"问题。医疗纠纷调解、律师参与信访工作联动、法律援助审批权下放等创新举措，有力促进了在法治框架下解决基层矛盾纠纷。

在地域上，法律服务中心将服务的"网络"终端延伸到基层的每个组织系统中。珠海市政府出台的《珠海市构建覆盖城乡的公共法律服务体系工作方案》提出用三年的时间基本完成公共法律服务体系建设，确保贯彻落实党的十八届四中全会决定构建覆盖城乡居民公共法律服务体系。根据《方案》建设原则和目标，珠海市在金湾、香洲、斗门三个行政区和横琴新区、珠海国家高新技术开发区、珠海港经济技术开发区、万山海洋开发试验区搭建"三纵［即区、镇（街）、村（居）］三横（即政府、市场、社会）"实体平台，实现"三个层次"（即无偿、公益、有偿）公共法律服务。

珠海市还建立了广东省首个规范化区级公共法律服务中心，打造高标准示范中心。该中心以平台方式进驻了金湾区法律援助处、公证处、公职律师事务所、人民调解指导委员会、社区矫正管理教育服务中心等机构、组织，并采取"窗口化"和"综合性"相结合的设置方式，为群众提供公证、法律援助、社区矫正、安置帮教、人民调解等各方面法律服务。中心就像一个提供法律服务的超市，办事群众可在"法律超市"

自行挑选公共法律服务需求产品。以"育民、便民、和民、惠民、安民"为工作原则，实行"一窗式受理、一站式办理、一条龙服务"的工作流程，为人民群众提供公益性法律服务，满足村（居）内组织和群众的法律服务需求。

珠海市通过引入法律顾问，以"一村一顾问"的政府购买服务的模式来界定政府与市场之间的边界。珠海市先后制定《珠海市村居法律顾问工作管理办法》《珠海市法律顾问进村居项目评估暂行办法》等13个规范性制度，编印《珠海市村（居）法律顾问工作手册》《宣传教育读本》等，保证工作机制的有效运行。司法局统一制定《村居法律顾问服务协议》范本，适用于各村（居）的法律顾问聘用，在源头上实现标准化、规范化。发挥顾问律师主动服务法治社会建设的作用，不仅意味着律师自身能够主动将专业的法律服务带进基层社会治理，化解基层矛盾纠纷，还意味着政府能够主动购买法律服务，为律师搭建下基层的渠道与平台。政府积极购买法律服务，搭建律师下乡平台主要体现在律师在基层的专项法律服务上。专项法律服务指的是根据重大矛盾纠纷类型和特点，采用政府购买服务的形式，委托市律师协会组建村（居）"两委"选举、征地拆迁、林地宅基地转让、建设工程、股份制改造、企业改制、劳资纠纷、业委会选举、权益保障、股份合作公司经营 10 个专业律师法律服务团队。珠海市近年来积极探索专项法律服务的创新举措,让顾问律师在司法行政部门和律师协会的组织下履行职责。

2017 年,珠海市深入推进公共法律服务体系建设,不断形成并完善具备法律咨询、法治宣传、法律援助、人民调解、社区矫正、公证,律师、司法考试、司法鉴定指引服务,安置帮教、镇(街)法制工作等功能的"公共法律服务网",有效解决了服务群众"最后一公里"问题。在全省率先成立双拥法律服务团,在作战部队设立法律援助工作站,在市、区两级法院实行律师值班制度,共办理法律援助案件 2458 件,2840 名困难群众得到及时优质的法律援助。

第三章 以社会治理社会化推动平安建设协同化

一 社会治理社会化概述

党的十九大报告指出,要"坚持以人民为中心","打造共建共治共享的社会治理格局。加强社会治理制度建设,完善党委领导、政府负责、社会协同、公众参与、法治保障的社会治理体制,提高社会治理社会化、法治化、智能化、专业化水平"。[①] 在社会治理的新"四化"当中,第一位的就是社会化。社会治理既要依靠党委和政府,又要坚持社会化的发展方向,有效整合社会各方面资源,动员社会各方面力量参与。从基层实践看,充分发挥社区居民、社会组织在社

---

① 习近平:《决胜小康社会 夺取新时代中国特色社会主义伟大胜利——在中国共产党第十九次全国代表大会上的报告》(2017年10月18日),人民出版社2017年版,第21、49页。

服务、社会治理中的参与、协同作用，社会治理就会具有更广泛的社会基础。

提高社会治理和平安建设的社会化水平，就必须实现社会治理注重治理主体多元化，改变以往社会管理中政府"包办"的做法，强调在发挥政府主导作用的同时，通过政府治理和社会自我调节、居民自治良性互动，实现全社会共同参与社会治理，共同分享发展成果。当前，在推进社会治理社会化方面还面临不少问题。一是基层群众自治组织行政化色彩比较浓厚，职能部门和镇（街）把自己的职责通过层层下压转移到村（居），导致村（居）委会忙于填写各种报表、应付各种检查，偏离了法律规定的自治轨道；二是社会组织参与社会治理不足，总量不足与参与程度有限的问题并存；三是社会治理和平安建设动员能力较弱，社会参与不足，基层群众的参与权和获得感无法保障。

提升社会治理的社会化水平必须以人民为根本基础，以社会动员为实现路径，以社会参与为实践方法，以多元共治为根本目标。

首先，坚持以人民为中心的路线，是提升社会治理社会化水平的根本立场。以人民为中心，着重强调人民在社会治理中的价值性与共享性，着力调动人民在治理实践中的主体精神与主观能动性，人民不仅是社会治理的"受益者",更是"创造者"与"共享者"。① 这种观念转变,是对马克思主义与毛泽东思想的继承和发展,也是建设新时代中国特色社会主义的社会治理格局的重要举措,为全球范围的社会治理提供了"中国经验"与"中国模式"。人民不仅与社会治理的阶段环环相扣,也与中国战略布局的成果息息相关,人民不仅是"五位一体"总体布局中社会建设的主体性力量,也是"四个全面"战略布局中的核心推动力。以民生为本,着力贯彻"体现人民意志、保障人民权益、激发人民创造活力,用制度体系保证人民当家作主"的民主领导观,这是党在新时期对"从群众中来,到群众中去"唯物主义群众观的继承与发展。社会化水平不仅关系到社会治理的有效性,还关系到良好社会秩序的共享共建。人民是社会治理的"初心所在",也是社会治理的"主体创造者",治理并不是单向的、僵化的过程,而是有来有往的过程和循序渐进的阶段,最终构建积极的、双向的、互动的良性循环。

其次,强化以中国共产党为领导核心的社会动员,是增强社会治理社会化能力的重要动力。② 历史实践与

---

① 参见李建华《坚持以人民为中心的社会治理》,《学习时报》2017年11月15日第2版。
② 参见刘丽敏、王依娜《关于新时代提升社会治理社会化水平的思考》,《共产党员(河北)》2017年第24期,第24页。

事实表明，社会动员的主体与路径深刻地影响着社会发展水平与潜力。新时期社会实践表明，"基础不牢，地动山摇"，社会动员的广度与深度全方位地影响着社会治理的效率与效果。在新阶段，创新社会治理的"社会化"是具有全局性、战略性、前瞻性的行动纲领，推进"社会化"改革是一个全面的、渐进的、现代化的阶段历程，党作为总揽全局的领导核心，肩负着动员社会治理主体的历史使命。全面性是动员质量的保障，强调在经济建设、政治建设、文化建设、社会建设和生态文明建设等多领域深入贯彻动员精神，同时着力在教育、劳动、就业、医疗、住房、救助等具体领域切实进行动员实践。渐进性是动员科学性的基础，提倡科学思想引导、系统方法支持、协同统筹推进，应深刻体悟到社会动员不是"一蹴而就"的，也不是"顽固不化"的，社会治理社会化推进过程中的未解社会难题与新问题都应当被视为社会治理的重要资源，同时应被纳入政府系统规划之中，用辩证、唯物的思维来看待问题，用科学、系统的方法来解决问题。现代化是动员方向的指引，推进社会治理现代化应着力增强社会治理体系与能力的现代化，一方面，应与中国特色的现代化社会治理格局相呼应，坚持党委领导、政府负责、协会协同、公众参与和法治保障的动员路径；另一方面，应逐步厘清社会化动员和法治化、智能化、专业化相互联系、渗透、补充的关系，深入推进社会治理主体多元形象的塑造与多重能力的提升，同时重视能力互补与资源共享。同时，应将动员成果落到社会问题改善的"实处"，也落到人民自信心、自豪感、幸福感的"虚处"，使群众"有所感、有所得"。

再次，落实"内外兼修，多重参与"的理念，是改善社会治理社会化格局的基本方略。党的十八大以来，中国社会治理的公众参与度稳步提升，如已成功实践的政府购买社会服务、枢纽型社会组织构建与网格化社会治理等。但区域成功经验仍需全国性的实践，社会治理参与度仍存在地区不均衡、内容不全面、能力不匹配等问题。在中国特色社会主义进入新时代的背景下，如何继续提升社会参与水平不仅是社会治理的重要命题，也是解决社会发展中不平衡、不充分问题的时代命题。从实践经验来看，提升社会参与度需具备"内外兼修"的统筹规划思路。一方面，应考虑到公众与区域主体的价值取向、参与意识、实践能力的差异性对于参与广度、深度以及效果的影响；另一方面，应着力完善政府支持体系、社会保障机制与配套公共政策，全面拓宽社会参与的主体、渠道、方法与内容，统筹推进政府、市场、社会等主体的多方力量。从创新形式来看，提升社会参与度要树立"多重参与"的多元主体观念。相较于"多元参与","多重参与"不仅强调参与主体与内容的多样化,还强调在此基础上进行统一性整合与社会性改造,将分散的、无序的、分割化的社会参与进行制度化、系统化、规范化整合,同时将社会参与的实效进行利民化、亲民化改造,与民共享社会实践的成果。

最后,打造"共建、共治、共享的社会治理"格局是社会治理社会化建设的最终目标。党的十八大以来的五年,中国社会治理体系不断完善,社会大局保持稳定,这不仅归功于十八大以来中国共产党不断的尝试、摸索、实践与进步,也归功于人民的广泛支持与社会力量的广泛参与。五年来,中国社会治理创新达到"新境界":更加科学化与特色化的社会治理理念、更加共享性与开放性的社会治理思想、更加多元性与互动性的社会治理实践。这不仅有效助推了全面建成小康社会的进程,还在实践中对下一个五年的社会治理提出新要求。一方面,更加完善社会治理的"多元性",应支持各类主体所呈现的各种形式的、方式的、内容的自我约束和自我管理,发挥各类合法的正式或非正式治理力量,如市民公约、乡规民约、行业规章、领域规则、团体章程等,同时应着力推进各类主体的相互融通机制,让多元知识与优秀智慧在不同主体间实现交流、互动、共享。另一方面,更加强调社会治理的"共治性",首先应创造更加包容性的社会环境与更加开放性的社会机制,让人民了解管理、参与管理;其次要出台相关的配套管理措施与规范机制,让人民合法管理、规范管理;同时要将社会治理与人民切实利益相互结合,让人民融入管理、享受管理;最重要的是要在共建、共享、共治的制度基础上砥砺前行,完善社会治理的体制、机制,增强各主体社会治理的能力、水平,提升各领域社会治理的效率、效果,达成"多元共治"的新格局。

2013年1月,珠海市委、市政府《关于全面创建平安珠海的意见》明确了"以人为本,民生优先""统筹兼顾,基层优先"和"广泛动员,共建共享"的基本原则,奠定了珠海市平安社会建设的总基调。多年来,珠海市坚持社会治理社会化的大方向,一方面不断开展平安建设宣传动员,扩大全面参与,另一方面通过"平安细胞"创建和平安建设力量下沉,不断完善基层治理体制,同时探索新形势下社会组织参与社会治理和平安建设的有效途径,以社会治理社会化推动平安建设协同化成效显著。

二 坚持党的领导核心作用,筑牢治理根基

党的领导是中国特色社会主义最本质的特征,是

人民当家作主和依法治国的根本保证。习近平总书记强调指出："法治建设绝不是要削弱党的领导，而是要从理念上更好地强化党的意识、执政意识、政权意识，从制度上、法律上保证党的执政地位。"推进基层社会治理和平安建设就是要进一步健全各级党组织的领导制度和工作机制，紧紧抓住领导干部这个"关键少数"，建立健全党委研究重要法规、规章草案制度，深入推进政府职能转变和行政执法体制改革，扎实推进司法体制改革。各级党委特别是党政"一把手"要把基层社会治理和平安建设作为自身的基本职责，定期听取工作汇报，研究部署重要工作，统筹抓好责任分解、督促指导、绩效考核等各项工作。

珠海市委、市政府《关于社会领域制度建设规划（2016—2020年）的意见》就提出深入推进社会治安综合治理机制建设。《意见》提出，完善平安珠海创建工作责任体系，建立科学合理的社会治安综合治理考评体系，实行以平安指数为核心的治安情况通报机制。推动制定珠海市公共安全技术防范管理条例，规范公共安全技术防范系统的建设、管理和应用，以社会化、信息化、网络化为重点，扎实推进社会治安防控体系建设，建立社会运行监测机制，建立多层次、立体化、全覆盖的社会形势监测体系，加强对社会治安的评估分析，深入开展重点地区和突出问题的治安整治。制定《珠海经济特区公安机关警务辅助人员管理办法》，明确警务辅助力量的定位、职责、任务、保障及考核等，落实"人防"制度建设。完善珠海市老旧小区综合整治管理制度，提升老旧小区安全防范水平。制定《珠海经济特区社区矫正工作办法》，完善社区矫正和安置帮教工作机制，切实保障社区矫正工作机构的建立以及资金和人力投入，规范社区矫正程序，改善社区矫正方式，促进社区矫正人员回归社会。健全各级应急管理机构，完善各类突发事件应急预案体系，推动应急服务综合平台建设，提升应急联动和应急管理区域合作水平。建立统一指挥、分级负责、部门协作、反应迅速、协调有序、运转高效、保障有力的突发事件应急处置机制，健全突发事件新闻发布机制、心理干预机制和公众情绪评估预警机制，妥善处置突发事件，及时疏导社会情绪。健全反恐工作机制，有效防范处置各类暴力恐怖事件。

《意见》是珠海市委、市政府建设平安珠海的纲领性文件，是珠海市推进基层社会治理和平安社会建设的顶层设计。在该《意见》指导下，为深入推进全市平安创建工作，夯实综治基层基础，珠海市结合本市实际，按照精简、明晰、高效的原则，将市综治委成员单位与市平安创建小组成员单位合二为一，并调整部分成员单位，共形成成员单位60个，奠定了珠海市社会治理和平安建设的体制机制基础。珠海市创建平安珠海工作领导小组办公室设立后,各辖区镇也纷纷建立相应组织,例如,创建平安金湾工作领导小组办公室设在金湾区维护稳定及社会治安综合治理委员会办公室,成员包括了金湾区各委(办、局)。

三 尊重人民群众主体地位,坚持为民治理

推进基层社会治理创新和平安建设的最终目的,是更好地实现好、维护好、发展好最广大人民群众的根本利益,使广大人民群众共享法治红利。推进社会治理创新和平安建设必须贯彻党的群众路线,以人民参与为基础,以人民满意为检验标准。

(一)坚持服务群众,追求群众满意

长期以来,珠海市始终坚持社会治理和平安建设的"为民"导向,把服务人民群众贯彻到社会治理和平安建设的全过程中。平安社会治理的主要部门是公安,因此,公安的依法行政建设有助于人民群众的满意。珠海公安围绕依法治国的总体要求,制订出台《珠海市公安局关于推进法治公安建设的意见》,将传统意义的法制工作提升至"法治公安"建设高度。珠海把案审改革作为全市公安工作改革的破局之举,明

确了"刑侦延续、法制提前"的办案模式，初步形成了集质量把关、讯问攻坚、深挖扩线、执法监督、打防调研等职能于一体的珠海刑事案件审查模式。同时，为实现对执法办案和行政管理工作事前、事中、事后全方位监督，珠海还构建了"大监督"体系，全面整合法制、督察、案审、审计、信访部门的监督职责，推动公安内部执法监督权的科学配置和高效运行。珠海公安还在全国率先制订出台《珠海经济特区行政执法与刑事司法衔接工作条例》；在市公安局、各公安分局治安部门增设专门机构，推动警察权向环境保护、食品安全管理、城市管理等社会管理领域的合法适度延伸；首创人民调解与行政调解无缝对接的"珠海模式"；率先创立律师无障碍会见机制；创新推出了案件办理信息公开平台，率先在全省实现了刑事和行政案件办理信息网上公开，在国内外引起较大反响。

2013年，珠海在全国首创出入境"一证办"便民措施。在一般情况下，珠海户籍居民只需携带身份证到出入境办证大厅，即可办理除定居类证件以外的各类出入境证件，极大地方便办事群众，此举在全国范围内尚属首创。2014年，珠海再次首创推出自助办证一体机，治安、交警等窗口部门也相继推出了户籍业务"容缺办理"、车管业务"即来即办"等多项惠民举措，较好地解决了服务群众"最后一公里"问题。

为增加社会面见警率，有效震慑犯罪，珠海将推进"大巡控"工作列为市公安局"1号工程"，建立健全市局局长、分局局长、巡警支队长、巡警大队长、派出所所长"五长"带班巡逻执勤、社区民警常态化巡逻等巡控工作机制，在广东省率先启动公安与武警联勤以及动中备勤巡逻。

同时，珠海依托科技创新，提高警务实战能力。他们创新研发了"4S系列"情报信息系统（即SIS"珠海刑警超级情报系统"、VIS"可视化采集分析系统"、MIS"情报服务超市系统"和DIS"数据巡检系统"），大力推进指挥中心、情报信息中心一体化运作。其中，SIS系统加盟城市或单位达到了197个，覆盖全国25个省（自治区、直辖市）。他们还全面启动"432"技术强警工程，即在刑侦、网侦、图侦等4个警种，用3年时间，投入2亿元资金推进技术强警。

（二）不断动员群众，扩大群众参与

"共建""共治""共享"三者是密不可分的整体，社会治理和平安建设离不开广大人民群众的广泛参与。在长期推动社会治理创新和平安珠海创建的过程中，珠海市不断探索平安创建宣传、动员机制，营造平安建设的良好社会氛围，巩固平安建设的社会基础。

珠海市委、市政府《关于全面创建平安珠海的意

见》作出"深入开展平安文化创建活动"和"广泛开展平安创建宣传发动"的部署。提出将平安文化建设与创建全国文明城市有机结合起来，增强平安文化的影响力和辐射力。鼓励各方力量开展平安家园、平安讲堂、和谐共建等专题社区文化活动，以文化安民创稳。重点加强对青少年群体的警示、预防和自我保护教育，提升全社会安全防范意识和能力。创新平安文化传播方式，鼓励平安公益广告、微博、动漫、文艺演出等创作和宣传活动。大力弘扬见义勇为精神，完善见义勇为奖励和保障机制，大力宣传见义勇为事迹，弘扬社会正气。加强平安创建宣传工作，组织开展有声势、有深度、有吸引力的宣传报道，广泛发动社会各界人士参与创建平安珠海活动。坚持正确的舆论导向，加强对创建平安珠海总体部署、目标任务、工作措施和工作成效的宣传，提高广大干部群众对创建工作的知晓率、支持率和满意率，营造共建共享的良好社会氛围。

珠海市不断深化平安创建宣传活动，营造平安建设的良好社会氛围。2016年，珠海市以深化平安创建为主题，以提高人民群众安全防范意识和能力为重点，充分发挥传统媒体优势，有效利用新兴媒体，进一步加大经费投入，详细制定宣传工作方案，明确宣传工作目标、工作重点和措施方法，在全市范围内大力开展"创建平安珠海+"系列宣传活动。同时，加大对法治、治安、禁毒、防范邪教、食品药品监管、消防、交通、安全生产等领域的宣传教育，有效预防各种违法犯罪活动的发生，不断增强人民群众的安全感和幸福感。截至当年12月底，全市发放宣传单119万多份、宣传册70多万份、宣传品50多万件、张贴海报11万多份，组织开展平安宣传活动7166场、平安志愿活动1300场，营造了浓厚的平安宣传氛围，有力推动了珠海市平安创建工作的深入开展。

2017年，珠海市平安宣传工作突出重点，百花齐放，取得显著成效。珠海市综治办、市禁毒办、市教育局、珠海广播电视台联合举办"平安天使"选拔、"平安送到家"等平安校园系列宣传活动，共有23万名学生通过"珠海特区教育"微信公众号竞答各类安全知识，有效增强学生自我保护意识和安全防范能力。珠海市综治办联合珠海市海川青少年综合服务中心开展"平安务工"宣传活动，有效增强外来务工人员平安意识。充分利用公交专线车身广告开展平安宣传，形成亮丽的流动宣传点。充分发挥广播电视优势，建立"平安珠海"电视专栏，有效扩大受众面和参与度。结合相关节假日和纪念日，开展群众喜闻乐见、内容丰富多彩的文体活动和竞赛游戏，进一步提高"平安珠海"建设知晓率和参与率。充分利用电视、报刊、网络、微信等媒体，深入挖掘典型事例，扩大社会影响，年内推出了《以父之名》《我是网格员》《天眼哨兵》《横琴管家》等一系列微电影和宣传视频，其中《以父之名》获评全国第二届平安中国微电影比赛"优秀微电影"，为珠海市综治平安工作营造了良好社会氛围。

珠海市着力强化社会动员机制建设，巩固平安建设的社会基础。2014年5月，珠海市八届人大常委会第十九次会议审议通过《珠海经济特区见义勇为人员奖励和保障条例》，并于当年9月起施行。近年来，珠海市不断加大《珠海经济特区见义勇为人员奖励和保障条例》宣传力度，积极发挥见义勇为协会等"两新"组织作用，引导、激励更多群众参与社会治安工作。推动见义勇为实体化运作，与镇（街）司法所、社区警务室紧密配合，探索以微博、微信等现代技术与专项奖励、系统管理相结合的办法，开展分类宣传发动和治安信息收集，深化新形势下的群防群治工作，提升群众知晓率和参与度。仅2015年1月至10月，珠海市即评定见义勇为人员62人，全年评定人数同比增长100%以上，有效激发了群众参与社会治安综合治理的主动性。金湾区积极开展人防大巡控体系建设，建立综治指挥中心，依托"区综治视联网平台"，整合各部门、镇（街）、村（居）、企业的公共视频监控资源，与GPS定位对讲系统结合，对全区综治巡防队伍进行指挥调度、视频督查、远程培训，全面提升了动态化、信息化条件下综治维稳应急指挥处置能力。

2017年，珠海市结合平安珠海建设和法治宣传教育活动，进一步动员社会各界力量积极参与命案的群防群治工作，着力加强基层法治宣传教育，努力提高群众法治意识，减少命案发生。加强与社会各单位、社会组织的协调互动，广泛动员社会力量参与平安创建。积极发挥见义勇为协会等社会组织作用，不断扩大平安志愿者队伍，引导、激励更多群众参与社会治安工作，营造"全民创安、共建共享"的社会氛围。

珠海市探索强化平安指数"五进"宣传动员等新机制，强化平安建设的社会效果。2015年，珠海市制定下发《"平安指数"宣传月工作方案》，制作《平安指数故事片》《平安指数宣传片》及《平安指数MV》，[①] 充分运用传统媒体和新型媒体，有组织、有计划地做好平安指数宣传进村入户、进企事业单位、进学校、进流动人口聚居区域和进繁华商业区"五进"工作，掀起了新一轮创平安及"平安指数"宣传发动高潮。全市共举办宣传文艺晚会3场，开展宣传咨询30多场次，制作悬挂宣传横幅标语1000多条，运用政府各类电子公告屏，电影院、书店、码头、酒

---

① 详见本书第五章。

店、娱乐场所、电梯等区域电子公告屏等播出平安指数公益宣传片和标语口号近20万次，设立宣传栏300多个，制作户外墙体广告150多幅，粘贴平安指数海报10万多张，在500多台公交车上发布宣传标语，发送手机宣传短信100多万条，有效引导了平安创建工作正能量，提升了市民的获得感，强化了"全民创安、共建共享"的社会效果。

四 创新社区服务管理，增强基层活力

珠海市委、市政府《关于全面创建平安珠海的意见》强调夯实社会管理基层基础。规划以完善基层群众自治机制为着力点，深入推进城乡社区民主自治，建设服务完善、平安和谐的社会生活共同体。充分考虑公共资源的配置和人口规模、管理幅度等要素，对部分镇（街）和村（居）进行科学调整划分，实现全市镇（街）和村（居）边界清晰、规模适度、资源配置合理。着力加强村（居）组织建设，选好配强村（居）"两委"班子。创新社区公共服务体系，增强城乡社区服务功能，实现社区政务服务全覆盖。推广网格化服务管理模式，科学划分基础网格，配强"网格"管理力量，实现城乡社区的全方位、精细化服务管理。

（一）完善基层治理规范

珠海市委、市政府《关于社会领域制度建设规划（2016—2020年）的意见》提出加强和创新社区服务管理，筑牢基层社会服务管理的根基，构建以基层党组织为核心、村（居）委会为主体、社会组织大力协同、人民群众广泛参与的城乡基层社会治理格局，实现政府治理和社会自我调节、居民自治良性互动。加强社区建设，建立新型社区管理和服务体制，推进社区自治，建设管理有序、服务完善、环境优美、文明祥和的社区。

一方面，完善社区自治制度，推进基层自治建设。珠海市完善社区居民自治体系，健全社区居民（代表）会议制度，规范社区民主决策程序，落实居民群众的知情权、决策权、参与权和监督权。贯彻落实《珠海市社区行政事务准入管理办法（试行）》，逐步完善社区行政管理事务准入制度，保障基层群众性自治组织的法律地位，推动落实社区居委会适度"去行政化"，规范社区承担的行政管理事务。建立非本市户籍人口参与社区事务管理和服务的机制，保障非本市户籍人口平等参与社区自治和管理。制定《珠海经济特区物业管理条例》，创新物业管理体制机制，加快形成推进老旧小区改造的机制。规范商业开发项目公共服务设施建设及移交管理。探索物业管理与社区居民自治相结合的模式，推行居民代表与业主代表、居民委员会成员与业主委员会成员交叉任职，推动社区居委会、业主委员会、物业管理公司三方合作机制建设。建立高校与社区常态化合作机制，充分引入珠海高校法律领域智力资源，充分发挥社区法律顾问作用，推动社区依法制定符合社区实际、具有特色的乡规民约和社区自治章程。

另一方面，规范社区公共服务，提高社区服务效能。珠海市着力加强社区服务体系建设，整合社区服务资源，规范和完善社区公共服务站、社会服务站，实现社区服务标准化和规范化。探索建立社区购买公共服务制度，充分利用社区购买服务培育和发展社区社会组织，规范各类社会组织、社会工作者、志愿者参与社区治理和服务，拓展社区服务内容，提高社区服务水平。探索建立社会组织统筹协调管理机制，引进成熟的社会组织搭建统筹平台，有效衔接企业、社会组织与居民需求，提升社区服务社会化水平。

同时，深化农村治理机制改革，推进社区建设均衡化发展。根据珠海农村的特点，珠海市探索制定珠海市新农村建设促进办法，统筹城乡发展，全面提升农村建设水平。探索农村公共服务供给方式改革，大力发展农村专业性社会组织，开展城乡结对帮扶活动，引导城市社区服务资源向农村延伸。推进农村公共服务设施规范化建设。

此外，规范镇（街）职权，推进镇（街）职能转型。珠海市制定相关制度，本着"能放则放、该放必放"和"权责利相一致"的原则，下放涉及人民群众生产生活的行政管理权限，扩大镇（街）行政事务管理和处置权限，实现管理重心下移。根据现场执法的要求，探索建立区级政府部门部分行政执法权委托镇（街）行使机制。进一步理顺镇（街）与社区自治组织关系，完善镇（街）政务服务中心和社会服务中心制度。

（二）创新基层治理手段

近年来，珠海市借鉴国内网格化管理经验，并探索建立"数字"网格化综合服务管理新模式。珠海市大力推进老旧小区技防改造，铺就推进"数字"网格化的技术基础。2015年，珠海市在农村重点开展"治安视频+村联防队"建设，在城市重点开展"住宅单元智能门禁+视频"工程建设，发挥考核指挥棒作用，要求每个镇（街）按《关于做好2015年社会治安立体化防控体系建设财政预算的通知》要求和《珠海市视频门禁系统建设指导意见》精神，每年投入30万—40万元，至少完成1个300—500户中低档小区的"住宅单元智能门禁+视频"建设,从治安最乱的小区做起,逐年累积,逐年优化。2015年1—11月,珠海市共完成"住宅单元智能门禁+视频"系统6000多套,珠海市平安办与香洲区综治办在香洲海霞新村、海虹新村开展的平安小区技防改造试点工作完成后,既实现了压缩入室盗窃,自动动态管理实有人口信息的目的,又受到了老百姓普遍欢迎。拱北新市花园小区安装"住宅单元智能门禁+视频"系统后,警情数由上年1300多宗下降为500多宗,10月甚至出现了"0"发案的良好效果。全市"技防村(居)"和"三联村(居)"建设覆盖率分别达到79.7%和76.0%。

在此基础上,珠海市建立"数字"网格化综合服务管理新模式。为扎实推进"网格化"社会治理工作,2015年,珠海市投入2000多万元,在高新区整合现有的应急救援指挥中心、"数字城管"指挥中心和综治信访维稳中心等机构,成立"数字高新"指挥中心,组建网格化社会治理队伍,建立基础数据信息库,实现了信息共享;利用辖区519个一类、二类视频监控点和部分社区的视频监控点,以及2架无人机,实现了辖区实时监控、实时上报、实时处理、实施监督、实时指挥;把全区16个社区划分为17张"网"142个"格",村(居)以每个自然村为1个格,物业小区以300—500户、1000—1500人为1个格,实现了辖区 139 平方千米"精细化"管理；整合各社区社工、合同聘用人员（含计生指导员、社区综治队员、劳动协管员、安监员、森林防火员）为网格服务员，"一格多员、一员多能"，用数据进行绩效考评，促进了事项的及时处理，充实了基层社会服务管理力量。

2016 年，珠海市继续推进综治网格化管理试点工作。按照广东省的工作要求，珠海市对香洲区梅华街道和斗门区斗门镇两个试点的综治网格员进行了岗前培训，大大提高了综治网格员的实际操作能力。2015 年 8 月至 2016 年年底，金湾区委托珠海保安集团培训中心对全区近 300 名综治网格员进行了轮训，并在第十一届国际航空航天博览会期间通过实战考验交出了满意答卷。珠海市组织各区镇（街）分管领导和业务骨干到杭州、佛山进行综治业务、网格化建设学习，制定方案，加大投入，落实定人、定格、定责，完成两个试点的网格划分，初步形成以综治中心为依托，以综治信息为支撑，以综治网格为基本单元，以综治力量为主导的"中心+网格化+信息化"管理架构。

（三）配强基层治理队伍

按照"社会治理网格化"要求，珠海市进一步厘清并界定各类群防群治队伍的地位性质、权利义务、保障奖励等，进一步整合各类群防群治队伍，推进制度化、规范化建设。不断加大综治队员、巡防队员、禁毒社工、交通协管员、户管员、保安员等专职群防群治队伍的建设，落实经费保障，广泛动员党员团员、民兵、青年志愿者、离退休人员等参与治保、调解、帮教、禁毒、防范邪教、普法等平安建设工作，充实社会治安群防群治的辅助力量。2016年，珠海市香洲区在拱北、前山等重点辖区以政府购买服务的方式增加治安巡防队员60多人，不断夯实基层"人防"基础。金湾区根据区内治安巡防实际，强化治安巡防大队建设，队员已达183人。斗门区努力开展各村（居）治保组织和巡逻队的组建，2016年已在127个村（居）全部建立治保组织，治保会工作人员有339人，其中40个村（居）已建成巡逻队，巡逻人员共有294人。

2017年，珠海市进一步整合群防群治力量，配齐配强村（居）治保主任，注重加强村（居）警官、村（居）法律顾问、驻村"两委"干部和村（居）治保主任间的信息共享、协调联动，建立"四位一体"的联防联动工作模式和机制。珠海市不断加强全市综治干部特别是基层综治队伍的教育培训工作，采取以会代训、参观学习、专题讲座、集中授课、短期培训等多种形式，积极开展业务培训。2017年，珠海市综治办组织各区和各综治成员单位业务负责同志，先后到一些国内著名高校开展了为期一周的社会治安综合治理创新能力培训；组织综治信息系统16个基础数据录入单位的负责同志和全市各级综治信息管理员、各级综治视联网管理员进行专门培训。各区综治部门和各成员单位举办各类培训近百场，受训人员累计三万多人次，有效提高珠海市综治干部队伍的理论水平和工作能力。同时，珠海市组织各级综治干部到国内、省内其他兄弟城市学习优秀做法和先进经验，拓宽工作思路、改进工作方法，不断增强全市综治队伍的整体业务素质。

五 开展"平安细胞"创建，带动全面提升

2013年年初，珠海市委、市政府《关于全面创建平安珠海的意见》明确提出"全面开展'平安细胞'工程建设，夯实创建平安珠海的基层基础""加快实现基层平安创建活动全覆盖"的目标。五年来，珠海市全面推进平安区域［平安镇（街）、平安村（居）、平安边界、平安山林］、平安场所（平安市场、平安工矿、平安景区、平安文化娱乐场所、平安宗教场所）、平安单位（平安校园、平安医院、平安企业）、平安行业（平安交通、平安金融、平安餐饮、平安"电网"）和平安家庭五大类17项基层平安创建活动，

与本地区经济社会发展同规划、同部署、同推进，拓宽创建范围，充实创建内容，提升创建层次和水平。

2015年，珠海市按照"谁主管谁负责"和"属地管理"原则，压实"平安细胞"创建各级各牵头部门的主体责任，条块结合、分层落实，全面推进"平安细胞"创建工作。加大统筹协调力度，加强督导验收，重点抓好平安村（居）、平安医院、平安校园等17个平安细胞创建，确保2015年年底"平安细胞"创建覆盖率达到95%以上，2017年努力实现全覆盖。到2015年年底，珠海全市各行政区和90%以上的镇（街）、村（居）、单位、企业、校园、医院、家庭达到平安创建标准。

2016年，珠海市深化"平安细胞"建设。深入推进平安校园、平安企业、平安家庭、平安文化市场、平安医院等"平安细胞"工程建设，广泛动员社会各界力量齐创共建，形成推进平安建设的整体合力。香洲区年内"平安校园"建设投入450万元，效果显著；"平安家庭"建设深入民心，开展"德行香洲"等活动共计逾600场次，华发社区荣获省"平安家庭"创建示范社区；"平安文化市场"建设进一步净化了未成年人成长环境。金湾区着力打造"平安细胞"公共安全视联网建设，一期建设投入经费793.82万元，建立覆盖全区两镇21个村（居）、12所学校、2家医院共771个视频摄像头,以及公安专网468个摄像头、600多户智能门禁系统视频的综治视联网平台。斗门区狠抓"平安交通"建设,针对无牌无证、异地号牌摩托车、电动车存在的严重交通安全隐患问题,精心组织,周密部署,多策并举,不断加大"双禁"整治力度,效果显著。

2017年,珠海市提前制定印发了《珠海市2017年"平安细胞"创建工作方案》和《珠海市"平安细胞"创建考核验收工作方案》,充分发挥各综治成员单位职能作用,结合市综治委成员单位联系点工作,强力推进全市"平安细胞"建设。以香洲区翠香街道兴业社区为试点,狠抓"平安细胞示范点"建设,重点开展平安校园、平安医院、平安交通、平安家庭、平安企业创建,实现"平安细胞"建设全覆盖。

六 培育发展社会组织,寻求多元治理

社会治理模式的创新是政府与民间逐渐走向良性互动的双赢选择。作为多元社会治理的重要力量支撑,社会组织通过权利诉求彰显主体性精神,并因审批登记的部分放开而实现数量增长和公益性提升。在内在机理上,社会组织的成长植根于权力的结构性转移和多元化流动,受益于权力和权利的相互转化、社会民

生的内在诉求和国家向社会回归总体趋势的驱动。社会组织的发展与壮大在一定程度上形成了新型权力制约机制，促进了法律主体从个人向组织的发展，推进了从社会组织自治到社会自治的进程，并最终发展了从国家主导到多元治理的治理模式。[①]

2013年1月，珠海市委、市政府《关于全面创建平安珠海的意见》作出"大力培育发展社会组织"的部署。提出加快政府职能转移，处理好政府放权与社会组织接力的关系，加快培育发展社会组织，加快形成政社分开、权责明确、依法自治的现代社会组织体制。进一步降低社会组织注册登记门槛，简化登记程序与手续，修订完善社会组织改革的相关配套法律法规和政策。明确各区社会组织登记管理机关并配备专门人员。出台社会组织财政扶持和税收优惠政策，加快建立社会组织孵化基地。进一步发挥工青妇等人民团体枢纽型组织作用，探索人民团体引领相关社会组织发展的新模式。充分发挥"两新"组织的服务管理作用，扩大党组织和工作覆盖面。落实非公有制经济组织对员工管理服务的社会责任，构建和谐劳动关系。健全政府监管，强化行业自律，引导社会组织健康有序发展。

[①] 参见马金芳《社会组织多元社会治理中的自治与法治》，《法学》2014年第11期。

2016年6月,珠海市委、市政府《关于社会领域制度建设规划(2016—2020年)的意见》提出"完善社会组织领域的规范,充分发挥社会组织在社会建设中的积极作用",并对发挥社会组织在社会建设中的作用作出了全面安排。

一是深化社会组织管理体制改革。规定除法律法规规定需要前置审批的以外,社会组织的业务主管单位均变更为业务指导单位,各业务指导单位要切实履行起业务指导职责。建立统一登记、各司其职、协调配合、分级负责、依法监管的社会组织管理体制,加快政府职能转变,形成政社分开、权责明确、依法自治的现代社会组织体制,引导和推动社会组织自主、自律发展,支持、引导社会组织参与社会治理和公共服务,建立健全社会组织参与社会治理的机制和制度化渠道。支持行业协会商会类社会组织发挥行业自律和专业服务功能。加强对在珠海市的境外非政府组织管理,引导和监督其依法开展活动。

二是完善社会组织培育制度。创新工青妇等人民团体的活动方式和组织形式,强化服务功能,加快构建枢纽型社会组织。充分发挥社会组织培育发展平台作用,加强社会组织能力建设。加大财政扶持社会组织发展力度,推动建立公共财政对社会组织资助和激励机制。重点培育和优先发展行业协会商会类、科技类、公益慈善类、城乡社区服务类社会组织，建立结构合理、专业化程度高的社会组织体系，形成基层政府、基层自治组织与社会组织密切合作的现代治理机制。

三是完善政府购买服务制度。推进政府向社会组织购买服务，设立购买服务项目库，各个目录实现有效衔接、动态管理。建立公开、透明的公共服务购买流程，规范政府购买社会组织服务工作，给予资质优良、社会信誉好的社会组织承接公共服务优先权。购买服务单位健全绩效评价指标体系，构建绩效评估多元主体参与机制，探索委托第三方机构实施评估，做到对社会组织在承接服务前有资质审查，在服务过程中有跟踪审查，在服务完成后有绩效评估，形成公开、公平、公正的竞争激励机制。

四是建立社会组织联合监管机制。出台有关建立社会组织联合监管工作机制的制度，梳理登记管理机关、业务主管（指导）单位、各职能部门职责，完善相关工作机制，形成对社会组织的有效管理，促进社会组织规范发展。指导社会组织完善内部管理结构，健全社会组织信息披露平台，提高社会组织自律能力和社会公信力。依法查处社会组织的违法行为。

五是完善社会工作和志愿服务制度。建立健全社会工作教育培训体系，完善社会工作者继续教育实施办法，进一步加强与高校和专业社工机构的交流合作，充分发挥社会工作专家库的作用，加强继续教育和考前教育培训，着力培养一批素质优良的社会工作专业人才。完善社会工作者评价和激励保障制度，充分调动社会工作者的工作积极性。建立社会工作督导人才培养机制，培养本土督导人才。贯彻落实《珠海经济特区志愿服务条例》，完善志愿服务机制，推行社会工作者与志愿者联动模式，促进志愿服务事业发展常态化、制度化。拓展社会工作服务领域，进一步满足人民群众的服务需求。

2016年，珠海市深入开展社会组织专项治理工作，为发挥社会组织在社会治理和平安建设中的作用扫清了障碍。根据广东省工作部署，珠海市综治部门牵头，制定工作方案，成立重点社会组织专项治理工作小组，落实工作职责，全面对珠海市社会组织开展排查摸底工作，针对排查的不同对象进行分类处理、专项整治，尤其对有危害和列入重点监管的社会组织实行教育引导、规范管理和依法取缔并举，净化社会组织发展环境，专项治理工作取得了初步成效。截至2016年12月底，珠海市登记在册社会组织2104个，备案类401个，未登记（备案）类1111个，其中有现实危害或潜在危险的社会组织43个，列为需加强监管和规范管理的重点社会组织17个。

2017年，珠海市充分发挥社会组织作用，社会组织在社会治理和平安建设中的作用进一步显现。一方面，积极发挥见义勇为协会等社会组织作用，不断扩大平安志愿者队伍，引导、激励更多群众参与社会治安工作，营造"全民创安、共建共享"的社会氛围。另一方面，加强对社会组织规范管理的政策研究，推进社会组织明确权责、依法自治，充分发挥其在参与社会事务、维护公共利益、救助困难群众、化解矛盾纠纷等社会治理中的重要作用。同时，强化与珠海市南方社会建设研究院等机构的交流合作，建立专家智库，充分发挥其在社会治安综合治理方面的"智囊"作用。各级各部门要"走出去、请进来"，主动与工青妇等群团组织、各高校和传媒单位建立战略合作伙伴关系，加强在人员沟通交流、信息资源共享、重点工作推进等方面合作，实现优势互补、互利共赢。

第四章　以社会治理专业化推动平安建设现代化

一　社会治理专业化概述

习近平总书记在党的十九大报告中强调要提高社会治理专业化水平，对于打造共建共治共享的社会治理格局具有重要的指导意义。随着社会进入信息时代，人类面临的问题越来越复杂、越来越专业，必须通过专业化分工，让专门人才解决专业问题。分工产生效能，专业化是社会分工的产物，是社会进步的标志，是提高社会治理水平的必然要求。

社会治理的专业化和社会化是事物的一体两面，二者相辅相成、密不可分。推动社会治理创新和平安社会建设，必须实现专业化治理与社会化治理的结合。社会治理专业化要求社会治理必须由具备专业理念、知识、方法及服务技能的专业人员遵循社会治理的客观规律，按照专业化管理标准，综合运用各种手段进行社会治理、开展社会服务，并在此过程中体现实事求是的科学精神，具体体现在社会治理组织机构、职能配置和工作流程的合理化，政策制定、政策执行和政策反馈的科学化，管理过程、具体制度、效果评价的标准化，管理手段、公共服务、互动过程的信息化。不断提高专业化水平，才能更好地促进社会治理整体水平迈向现代化。在提高社会治理专业化水平的基础上，要不断推进社会治理的社会化进程。随着社会主体日益多元化，市场机制及社会机制的作用日益重要，社会治理社会化和公共服务市场化已成为一种发展趋势。社会治理社会化要求公民个人和社会组织要积极参与社会治理，充分发挥协同作用。政府要从过去对社会治理事务大包大揽逐步发展到做好裁判工作和制定行动规则，通过购买服务和服务外包等方式将可以由市场和社会承担的事务交给企业部门和社会组织承担，通过社会治理社会化实现社会成长壮大和政府瘦身减负的双重效果。社会治理的专业化和社会化是相辅相成的，二者共同指向实现有效社会治理、促进社会和谐的目标。

提高社会治理专业化水平，首先要加强专业化人才队伍建设，建设高素质专业化干部队伍和社会治理各类人才队伍，夯实社会治理基础。应当不断推进分类治理，以科学的态度打造专业的社会治理队伍，增强社会治理的专业化水平。当今中国社会日渐出现多元化的发展趋势，社会治理也日趋复杂化，通过专业人才来从事专业性的社会治理工作，也显得日益紧迫。一方面，要努力建设更加科学合理的主体资质、职能配置和工作流程。要根据社会治理不同领域的特点，分别采取不同的治理模式，选择不同的社会治理主体和治理方法。如冤假错案导致的上访问题，就需要由司法机关来处置，而不能以维稳为由进行其他处置。另一方面，应建立更为完善的信息反馈、自我完善和纠错机制。建立良好的社会治理效果测评体系，精准掌握社会治理政策成效，推动社会治理体系的自我完善。完善社会治理体系的纠错机制，保障社会治理的公平性。其次，要提高综合运用专业化工作方法能力，熟练运用预测预警、风险防控、事件应急、教育感化、心理疏导、矛盾调处、利益协调、政策引导、规范执法、责任追究等机制，借助信息化手段，德法并举，实现社会治理目标。最后，坚持专业化工作精神与态度，不忘初心，以人民为中心，深刻认识和把握人民日益增长的美好生活需要和不平衡不充分的发展之间的矛盾，更加自觉地维护人民利益，坚决反对一切损害人民利益、脱离群众的行为。

二 组建"志愿警察"队伍,加强专业队伍

(一) 珠海市平安队伍建设概况

打造一支政治过硬、业务过硬、责任过硬、纪律过硬、作风过硬的专业队伍,是推进社会治理创新和平安社会建设的前提和保障。长期以来,珠海市努力在法律和政策允许的框架内,大力推动体制机制创新,不断加强社会治理专业队伍建设。

一方面,大力加强政法队伍建设。2013年1月,珠海市委、市政府《关于全面创建平安珠海的意见》强调,加强和改进党对政法工作的领导,加强政法队伍建设,切实肩负起中国特色社会主义事业建设者、捍卫者的职责使命。提出抓好思想建设,深入开展"忠诚、为民、公正、廉洁"政法干警核心价值观教育。抓好组织建设,坚持以党建带队建、抓班子带队伍,建立完善有利于优秀人才脱颖而出的制度机制,充分发挥政法机关党组织和党员干警在执法办案中的战斗堡垒、先锋模范作用。提升基层政法综治组织战斗力,加强公安派出所、司法所、人民法庭建设,推进区、镇(街)与政法工作的职能衔接,充分发挥基层政法单位在平安珠海创建中的骨干作用。抓好能力建设,全面提高政法干警运用法治思维和法治方式深

化改革、推动发展、化解矛盾、维护稳定的能力。抓好纪律作风建设，严格规范权力行使，切实转变工作作风，着力解决人民群众反映强烈的突出问题。

另一方面，探索加强社会工作人才队伍建设。珠海市委、市政府《关于全面创建平安珠海的意见》提出加快《珠海市社会工作促进办法》立法工作，积极探索通过立法的形式加快推动志愿服务发展。重点加强覆盖社区的社会福利、社会救助、慈善事业、就业服务、青少年服务、社区矫正、禁毒戒毒、心理疏导、人民调解等领域的岗位开发设置，建立社会工作者职业水平评价与奖励制度，完善有关社工人才使用、评价、激励、晋升、薪酬保障等政策措施，出台社会工作人员薪酬管理指导意见等政策措施。加强社会工作人才培训，提高全市社工人才的能力和水平。探索推进"社工+义工"联动服务队伍建设，建立市、区、镇（街）、村（居）四级志愿者服务网络和"社工引领义工，义工协助社工"的联动机制，健全社会志愿者队伍激励机制，吸引和留住更多的志愿者参与社会公益事业。

近年来，珠海市在总结综合治理、治安联防等工作经验的基础上，积极创新，平安建设队伍不断加强。一方面，强化治安巡控力量投入，通过合理调整警力配置，深入推动机关警力下基层、基层警力下社区工作，2017年珠海市派出所警力占分局警力的55.15%，社区警力占派出所警力的40.50%，民警与辅警比例达到1∶1，基层警力得到有力保障。另一方面，推进基层群防群治队伍建设，进一步规范群防群治相关制度规范，整合各类群防群治队伍，加大综治队员、巡防队员、禁毒社工、交通协管员、户管员、保安员等专职群防群治队伍建设，落实经费保障，广泛动员党团员、民兵、青年志愿者、离退休人员等参与治保、调解、帮教、禁毒、防范邪教、普法等平安建设工作。2016年，珠海市组织群防群治队伍16800人次参加治安巡逻，现场协助调解纠纷550起。

为探索新形势、新常态下的社会治安治理新模式，珠海市公安局香洲分局在充分吸收和借鉴国外先进经验的基础上，于2015年4月组建起国内第一支"志愿警察大队"，协助公安机关开展接处警、安保巡逻、纠纷调处、防范宣传和服务群众等基层基础性警务工作。目前，志愿警察大队共有队员215名，全体队员秉承"因为梦想、所以追求"的价值理念，以"志愿奉献、护民维安"为宗旨，不计得失、无私奉献，自成立以来，累计参与纠纷调处、安保巡逻、服务群众等各类勤务1万余人次，工作6万余小时，为维护辖区治安稳定，建设"平安珠海"作出了积极贡献。

（二）珠海市志愿警察组建背景

"志愿警察"指兼职志愿警察，拥有自己的全职工作，业余时间义务参与基础警务工作，着专门制服，领取适量补助金。在一些国家和地区，如新加坡、英国和中国香港，"志愿警察"一直是公民参与社会管理和推进警察公共关系建设的重要桥梁和警力资源的有力补充。珠海市作为中国最早对外开放的经济特区之一，经过三十多年的创新发展，已具备了志愿警察组织培植生根的条件和土壤。

一是政策导向支持。党的十八大提出了创新社会治理，要求我们改进社会治理方式，充分发挥社会力量参与社会管理的基础作用，鼓励和支持更多的社会组织参与社会管理服务工作；在公安系统，广东省公安厅也下发了《关于规范全省警务辅助人员管理使用的指导意见》，动员和鼓励社会志愿者、公益事业热心人士，在公安机关及其人民警察的组织、带领下，志愿开展警务辅助工作。党委政府和上级公安机关的整体设计，为志愿警察队伍的落地开花提供了政策基础。

二是社会发展所需。目前珠海市是全国最具安全感、幸福感和宜居城市之一，经济总量快速增长，居民可支配收入较高，社会志愿服务组织蓬勃发展，市民更乐于在志愿服务中实现自我价值，一大批社会工作者和志愿服务者正在成为社会建设的骨干力量，为志愿警察组织建设提供了肥沃的土壤。

三是个人价值所求。随着经济的发展和社会物质生活的不断丰富，具有一定社会地位、经济能力较强、个人自由度较高的社会精英阶层，逐渐从物质生活需求转化为追求精神生活的满足和个人自我价值的实现。志愿警察组织为珠海一大批怀揣"警察梦"的有志市民提供了圆梦之地和展示自我价值的平台，也起到了开放警队、展示警队正面形象的良好作用。

（三）珠海市志愿警察工作机制

一是强化制度建设。珠海市公安局香洲分局将志愿警察队伍创建工作列为亮点工程，专门成立了"志愿警察"活动领导小组，研究出台了《香洲分局志愿警察活动工作方案》，并配套了《志愿警察章程》《志愿警察队伍管理暂行规定》等一系列工作制度，规定了志愿警察队伍的职责和纪律、机构和管理、加入和退出、保障、培训和激励等一系列建设事项，通过建章立制确保志愿警察队伍能够规范化和制度化地长远发展。

二是广泛动员遴选。珠海市采用网络、报纸、电视等媒体发布和社会动员相结合的方式开展志愿警察招募宣传活动，两年多来的3次招募先后有800余人报名参加，大专以上学历的占68%。再遴选出具有一定社会地位、经济基础和社会影响力，综合素质较高的社会精英人士加入，确保志愿警察队伍的稳定性和高端性。同时，结合辖区实际和群体需求，支持企业人员和政府机关领导参与到志愿警察服务活动中来，专门成立了志愿警察格力电器中队和区府公职中队，进一步扩大志愿警察的社会影响力。

三是完善组织架构。香洲区志愿警察大队下设9个中队，其中7个派出所中队分别对应陆地7个公安派出所，另在格力电器公司设立格力中队，在区政府机关设立区府公职中队，大队领导和中队领导都在志愿警察内部选举产生。7个派出所中队主要招募和遴选退役官兵、高级工程师、公司高管、教师、律师、记者、企业主等社会各界精英加入。格力中队由格力电器员工组成，区府公职中队由区委、区政府、区政协、区人大和区机关单位领导组成。

四是优化运作模式。香洲区志愿警察大队实行内部事务自治管理，由大队长、副大队长和中队长组成的大队队务会集体研究决定。志愿警察招募后按照就近原则编入附近派出所中队，利用自己空闲时间无偿参加志愿警察活动，提前向所属派出所报备上岗服务时间，由派出所统一安排出勤活动；派出所也可根据工作需要召集志愿警察上岗出勤。志愿警察大队接受区公安分局治安管理大队的业务指导，人员招募和组织建设接受区公安分局统筹管理，服装和装备由分局统一提供保障。

五是健全组织保障。珠海市公安局香洲分局积极争取香洲区委、区政府和区志愿者协会的大力支持，争取积分入学、积分入户等奖励和保障规定同样对志愿警察开放。分局专门调配两间办公用房作为志愿警察大队队部办公室，供志愿警察大队开展人员招募面试、制发文件、召开会议、宣传展示等日常管理事务使用；志愿警察工作经费和服装由香洲分局承担，分局还为每名正式队员统一购买人身意外保险；有重大突出表现的，依法申报见义勇为奖励。参加志愿服务时间满两年的，颁发"志愿警察"证书，并视情申报不同等次奖励。

六是注重内部管理。一方面，珠海市公安局香洲分局统一形象标示，专门研究制定了志愿警察大队的队徽、标志以及队训和誓词等，规范了志愿警察的帽徽、肩章、臂章，有效提升志愿警察的归属感和荣誉感。另一方面，珠海市公安局香洲分局开展专业培训，定期安排分局专业教官对志愿警察队员开展队列、盘查、巡逻、安保等专业培训，提升专业服务技能。此外，珠海市公安局香洲分局建立兴趣小组，结合每名志愿警察的职业和特长，志愿警察大队内部成立法律、外语、调解、摄像（无人机操作）、社区、消防、护校安园、网络安全等多个兴趣小组，为基层公安机关对特殊专业知识的需求提供有益补充。

七是媒体宣传引导。志愿警察大队成立以来，珠海市公安局香洲分局积极联系《人民公安报》、《南方日报》、《珠江晚报》、珠海广播电视台、央广网、新浪网等主流媒体进行宣传报道，社会各界反响积极。中央电视台、《人民公安报》、《南方法制报》、《广州日报》、《羊城晚报》、央广网、新浪网等众多中央、省、市媒体先后报道了珠海志愿警察工作。2015年12月，"志愿警察"项目获得"珠海市香洲区志愿服务优秀项目"荣誉称号，并参选人民网组织的全国"创新社会治理典型案例"征集活动。

（四）珠海市志愿警察实践成效

一是有效弥补警力不足，形成基层警务工作的有力补充。目前，志愿警察大队已经参与到巡逻安保、值班备勤、接出警、审讯抓捕、宣传、业务培训等各项警务工作当中。据统计，截至2017年8月，珠海市公安局香洲分局志愿警察大队已累计出勤9492人次，共56085.6小时，人均出勤206个小时，按每日8小时工作量计算人均服务26天。共协助盘查5772人次，协助抓获犯罪嫌疑人582人，协助查获违禁物品316

次，做好人好事165次，参加各类大型活动安保105次，成为分局和派出所警务工作的好帮手和好助手。

二是提供群众展示舞台，实现个人理想和社会价值双赢。社会志愿者们在志愿警察这个舞台实现了光荣"警察梦想"，同时也丰富了志愿服务的精神内涵。志愿警察大队运作以来，涌现出一批出勤标兵，出勤超过4000小时的有1人，超过3000小时的有8人，超过2000小时的有20人，超过1000小时的有50人。在具体警务工作中也涌现出一批综合素质高、业务能力强的志愿警察专业人才。例如，一位退休的老教授加入志愿警察队伍后参与派出所大小调解工作上百起，百战百胜，被基层民警誉为"金牌调解员"，2016年荣获"全市110十大先锋人物"。志愿警察大队里面唯一一名女中队长，以柔弱之躯孤身一人深入毒窝与毒贩机智周旋，协助派出所成功抓获毒贩，英勇事迹被中央电视台拍摄成志愿警察纪实故事。

三是搭建沟通互动平台，促进警民关系和谐发展。志愿警察协助民警开展工作，同时也是志愿警察与民警、与人民群众一个沟通互动的过程。珠海市公安局香洲分局在安排志愿警察工作时，从群众关注的焦点、百姓生活的难点中寻找切入点，通过做好校园安保、联合执法行动和社区安全防范宣传等与辖区群众密切相关的社会基础事务，赢得广大市民点赞，进一步和谐警民关系，人民群众安全感和社会调查满意度不断提升。

四是打开警队开放窗口，持续传播公安机关正面形象。志愿警察大队成立后，打开了一扇公安机关自我开放、让群众了解公安机关的窗口。志愿警察既是普通市民，同时作为志愿者密切参与警务工作，能够亲身体会公安工作的苦累、辛酸、荣耀和困境，能够不断在社会上传播公安机关的正面形象和正能量。如一位志愿警察就提到："我深深地体会到当一名人民警察是多么不容易，上班时间长、下班不定时、吃饭不准时。为跟进办理案件，经常要通宵工作，严重的透支体力和精力。"另一位志愿警察也表示："派出所的工作很繁杂，压力也很大，当警察须有博大的胸怀和一个强大的心脏。"

（五）珠海市志愿警察完善方向

2017年，在香洲区试点的基础上，"志愿警察"队伍逐渐在珠海全市铺开。2017年3月18日，珠海市公安局拱北口岸分局正式成立志愿警察大队，大队下设5个中队，共有队员66名，经过近4个月的运作，拱北志愿警察在辅助警务、治安巡控、安保任务、纠纷调解以及服务群众等各项工作中发挥着重要的作用，赢得了广大群众的一致好评，成为拱北口岸分局辖区的一道亮丽风景线。2017年7月，为充分利用社会各界参与社会服务的热情，拱北口岸公安分局决定继续招募志愿警察。2017年，经珠海市公安局横琴分局审核、筛选、面试及政治审查，确定40位报名人员作为志愿警察正式成为横琴警方的一分子，并于当年9月1日举行志愿警察大队成立大会，开展志愿服务与警务培训，正式出台《横琴新区志愿警察管理办法》。2017年9月27日，珠海高新区高校志愿警察队伍上岗及启动仪式在北京师范大学珠海分校举行，该校大二以上年级学生及教师20人成为珠海市公安局高新分局志愿警察大队首批队员。

任何一项警务创新都不可能一蹴而就，初创阶段的志愿警察工作也不可避免地存在一些困难和问题：在法律定位方面，目前关于志愿警察工作依据的立法仍是空白地带，法律主体地位边界模糊，虽然广东省公安厅出台了《关于规范全省警务辅助人员管理使用的指导意见》，为志愿警察工作开展提供了一定的依据，但该指导意见仅是政策性文件，未能形成志愿警察的制度支撑；在保障工作方面，由于没有专项经费，公安机关只能挤占有限的公安业务经费，执勤服装和装备配备往往滞后于队伍建设发展的需要；在日常管理方面，志愿警察选择上岗时间存在一定的随机性，受制于队员的主职工作和家庭生活安排，部分志愿警务活动的计划性受到制约；在教育培训方面，香洲区志愿警察队伍日益发展壮大，但由于队伍成立时间不长，专业化、系统化培训有所欠缺，同国外志愿警察培训工作还存在较大差距；等等。发展中的问题需要通过发展来解决，做好志愿警察工作，只能通过改革创新来实现，必须坚持推进社会治理和平安建设队伍专业化的方向，在法治的轨道上推进具有先进水平和本地特色的生动实践。

三 运行"平安指数"机制，实现专业管理

（一）珠海市平安指数创建背景

如何实现专业管理，长期困扰着中国社会治理创新和平安创建工作。一段时间以来，一些地区和部门在探索建立考核、评价等管理机制方面做了积极探索。但总体而言，这些探索仍主要集中在对党政部门和公职人员的激励上，如何把考核、激励和动员有机结合起来，建立社会治理和平安建设的综合性、现代化管理机制，是一项亟待破解的任务。

2016年11月，全国社会治安综合治理创新工作会议指出，现代社会，单打独斗已不适应人们对公共服务需求多样化、社会问题复杂化的新形势，中国在社会治理过程中将平等对待各类社会主体，形成多样化

治理模式，努力实现社会共治。在此之前，珠海市公安局和创建平安珠海工作领导小组办公室（以下简称"市平安办"）主动肩担社会治理防控主力军角色，成立专业研发团队，按照市委、市政府提出的"建立平安指数，向社会公布，更加科学地评价和引导全市平安建设"的工作思路，以期通过构建"平安指数"这一社会治理创新手段，将社会治理与平安建设完美融合起来，一举解决过去平安建设中一直存在的"缺少具体评价指标来直观反映、衡量地区平安建设的成果"和"缺少地方党委政府和公安机关等部门协同作战的平台"这两个老大难问题。

项目研发过程中，珠海市公安局和市平安办研发团队一方面立足于近年来公安机关在社会治理方面积累的丰富经验和珠海社会实际情况，明确了平安指数的攻关方向和整体架构；另一方面积极寻求外部支持，与广东省内外一些高校达成合作协议，共同开展课题合作，深入全市各镇（街）调查研究，广泛吸收社会各界意见和建议。最终，经过一年多的努力，从更加科学简便、易于操作，更容易被人民群众理解和接受，更有利于调动基层平安创建工作积极性等目标出发，通过大数据、相关性分析、模型实证等手段，综合分析测算和反复筛选，最终选取了违法犯罪警情、消防安全、交通安全三项与群众生活感受最密切、影响最直接的指标，并以此为基础建立了平安指数，对镇（街）平安状况进行量化发布。

2014年11月1日，珠海市平安办正式通过《珠海特区报》《珠江晚报》对外发布平安指数，珠海成为全国首个每日发布镇（街）平安状况量化指数的城市。为进一步提高平安指数平台的便捷性，2014年12月1日，平安指数微信客户端正式启用，市民能够像通过PM 2.5数值直接了解空气污染程度一样，通过平安指数实时、简单、直观地了解到珠海市各区、镇（街）的平安状况，从而使得生活、出行安全感得以大幅度提升。

（二）珠海市平安指数具体构成

实际生活中，影响平安状况的因素成百上千，珠海市公安局、市平安办最终遴选出违法犯罪警情、消防安全、交通安全三项科学量化指标，构建了平安指数模型。之所以选取这三项指标主要有三个方面考虑：一是契合中心任务。这三项指标与当前中国"四个全面"战略布局中的全面建成小康社会体系里"社会安全指数"指标高度契合，是公安机关积极开展平安创建、服务小康社会建设的具体实践，可谓是师出有名。二是符合民意需求。这三项指标涵盖了治安安全、居家安全、出行安全等信息，是最贴近老百姓生活安全需求的项目，也是群众问卷调查评分最高的指标，可谓是很接地气。三是符合科学规律。珠海市公安局联合有关高校和科研机构经过问卷调查、数据分析、模型构建等一系列科学研究方法，最终从上百条指标中遴选出这三项指标合成平安指数，可谓是符合规律。

三项量化指标选好后，珠海市公安局、市平安办主要根据镇（街）实有人口的万人事件数作为测算标准。具体测算方式是：以镇（街）当天该类指数的实际情况与上一年全市该类指数的万人日平均数进行比较，比值小于0.8的镇（街）为优，比值在0.8—1.2范围内的为良，比值高于1.2的为差，出现因违法犯罪或火灾、交通事故造成人员死亡的为极差。测算出等级后，珠海市公安局、市平安办依照权重，对照评定等次进行分项赋分，各项得分之和即为该镇（街）当天的平安指数。平安指数生成后，为增强指数的直观性，珠海市公安局、市平安办再按照"蓝""黄""橙""红"4种颜色对应表明"优秀""良好""平稳""较差"4种平安状况，与平安指数挂钩向社会预警，并对红色预警的地区作出相应平安提示。可以说，通过平安指数这张体检表，一个地方是否平安将一目了然。

（三）珠海市平安指数应用方式

珠海市重点围绕如何强化平安指数的应用效果，

将平安指数与广东省平安办、珠海市平安办重点推进的创建"平安镇（街）"项目有机结合，借助市平安办平台，在全市范围内建立了以各区、镇（街）党委政府为主体，各相关职能部门积极参与，集动员、研判、预警、督办、问责"五位一体"的平安指数应用机制，全面强化行政区和公安分局、镇（街）和派出所的捆绑作战作用，从而促使指数偏低地区的党委政府、公安机关及相关部门协同开展整改工作。

在研判环节，珠海市各级各部门根据区域平安指数情况定期开展研判工作，查找存在问题，制定针对性防范、打击、整治措施和下一步工作计划。具体来说，各派出所、交警中队和消防中队每日一研判，镇（街）每周一研判，各公安分局和各区平安办每月一研判，市公安局和市平安办每季度一研判，市委常委会每半年专门听取一次汇报。

在预警环节，珠海市公安局、市平安办对于红色预警超标的地区下发《预警通知书》进行专门通报，从而使其积极落实相关整改措施。

在督办环节，对预警后整改成效不明显的镇（街），珠海市将会由市公安局、市平安办牵头，进行专项督导和挂牌整治。

在问责环节，珠海市将平安指数纳入了社会治安综合治理考核，指数反映的问题有没有认真研判，有没有采取针对性措施，措施是否得力，成效是否明显，各个工作环节的情况都将通过社会治安综合治理考核体现，根据考核结果对相关部门和单位予以奖惩。一是诫勉约谈落实问责。对红色预警且整改成效不明显的镇（街）、派出所等，珠海市平安办将会对其主要领导进行专项督导和诫勉约谈。二是组织措施落实问责。根据不同情形，珠海市对相关责任领导给予调整岗位、一票否决和党纪政纪处分等。例如，对平安指数挂牌整治验收不合格的地区，实行一票否决，相关责任领导不得提拔晋升。通过强有力的问责机制，珠海市倒逼各职能部门领导干部必须主动作为、积极研究提升平安指数的有效措施，从而确保整改成效。

"平安指数"发布以来，珠海市各级地方党委政府高度重视，平安指数成了各区、各镇（街）党政一把手每天必看的工作数据，对出现红色或橙色预警的地区，各区、镇（街）定期召开指数分析研判例会，根据公安机关的分析研判报告，有针对性地采取治理措施。平安指数及其工作机制成为党委政府统筹协调、整体推动立体化社会治安防控体系建设的平台。比如，在平安指数推动下，珠海市香洲区2015年划拨2000多万元用于辖区老旧小区视频门禁系统建设，同时为全区各派出所增聘近300名治安辅助力量用于巡逻防控，提请市政府在 105 国道兴建了 4 座人行天桥，有效缓解了道路交通安全压力；斗门区投资 800 余万元在治安热点地区安装高清监控探头，下属的白藤街道办为派出所增加了 14 名治安辅助力量用于巡逻防控，并根据派出所的研判建议，在湖心路交通人流比较复杂的路段安装 2 个红绿灯，辖区警情和交通状况得到良好改善；金湾区开展机制创新，将"平安指数"用于对全区各村（居）的治安监督和考核，下属的红旗镇根据消防部门提出的建议，在辖区内组建了 13 个村（居）义务消防队，并进行多次实战演练，切实提高防控火警的力度；等等。

（四）珠海市平安指数运行成效

珠海市平安指数的发布，一方面，使人民群众能够及时了解各地区平安状况、获得平安提示，知情权、监督权得到了很好体现。同时，使平安创建工作更加深入人心，更好地调动了群众参与平安创建工作的积极性，促进了全民创安工作格局的形成。另一方面，公安机关尤其是辖区分局和派出所，可以借助平安指数分析发现影响辖区平安的原因，主动向区、镇（街）党委政府汇报建言，积极争取地方党政部门更有力的支持，通过地方党委政府统筹协调、整体推动，实现社会治安齐抓共管的工作目标，从根本上改变过去依靠公安机关"单打独斗"的工作局面,从而借助镇(街)乃至全市的力量,综合发力、形成合力。

以平安指数的试点地区——珠海市香洲区前山街道为例,平安指数发布的第一个月该地区红色预警天数高达 14 天,经过当地派出所每天对平安指数反映的问题进行研判分析,街道办事处领导每周召集相关部门召开研讨会议,形成了定期形势研判、问题排摆、整改跟进机制,出台了一系列整改措施。通过在当地盗窃发案较多的明珠商业广场地段强化技防物防设施,在警情多发的城乡接合部开展"亮灯工程"添置路灯,政府出资聘请 20 名治安辅助人员、添置 100 辆警用自行车参与派出所日常治安巡控等多重举措,逐步推动当地社会环境的改善,整个前山地区违法犯罪警情数大幅度下降,该地区的红色预警天数随之逐月下降为 5 天、2 天、1 天,到 2015 年 6 月,红色预警天数更是降到了 0,目前仍然保持在较少天数,群众安全感相比过去提升了 20% 以上,平安指数提升镇(街)平安状况效果显著。

珠海市平安指数发布以来,不仅在前山试点地区取得成功,在珠海全市都取得了明显的成效,目前全市已基本消除红色预警镇(街)。据统计,2015 年,珠海全市 110 接报违法犯罪警情同比下降 17.2%,其中,伤害、抢劫、抢夺、盗窃等严重影响群众安全感的主要警情同比分别下降13.4%、26.9%、33.5%、37.4%,全市火灾起数、死亡人数同比分别下降16.9%和50.0%,全市道路交通事故宗数、死亡人数和受伤人数同比分别下降1.9%、11.4%和10.4%。2017年以来,全市违法犯罪警情在2016年大幅下降的基础上,再次同比下降26.1%,为近10年之最。

珠海市平安指数及其工作机制得到了中央和广东省有关部门及理论研究界的高度肯定。中央政法委、中央综治办领导对珠海市平安指数给予高度肯定,要求进一步完善并在全国推广。广东省公安厅主要领导要求总结珠海做法,积极探索在广东省内其他地方推广。广东省综治委来文肯定"珠海实施平安指数工作体系,既增强了区、镇和职能部门的责任意识,也增强了群众的自我防范意识,促进了全民创安"。在广东省公安厅举办的粤警创新大赛中,"平安指数发布及应用机制"项目荣获金牌。新华社、中央电视台、人民日报社等中央媒体分别对珠海市平安指数进行专题采访报道,将其誉为"珠海社区'安危录'""指向政务公开的标尺""影响珠海市民幸福感的重要因素"。

目前,广东省和全国其他省区多个地市来珠海市专程学习交流平安指数发布应用体系建设经验,广东省深圳市、广东省惠州市、山东省潍坊市、河南省南阳市等市已于2017年开始发布当地的"平安指数"。

(五) 珠海市平安指数完善方向

为确保"平安指数"数据的准确性、真实性和时效性，进一步将指数工作机制落到实处，最大限度地发挥平安指数对全市平安创建工作的引领作用，珠海市于 2015 年年初开始研发"平安指数发布应用系统"，于 2017 年年中正式投入试运行，并于 2017 年年底在全市全面铺开。

平安指数发布应用系统实现了平安指数发布数据自动抽取、实时查询、在线统计等功能，极大地规范了指数的发布、查询、统计等操作。同时，系统还增加了模拟运算、数据分析、平安预测等模块，运用大数据分析方法实现了"平安指数"的高效化采集、科学化统计和信息化管理。目前，平安指数发布应用系统能够每天自动生成全市、各区、各镇（街）、各派出所的平安趋势、警情类比、人员分布等各类情报信息图表，为各级领导开展平安研判、决策整改方案提供科学有效的数据支撑。

平安指数发布应用系统还对各个镇（街）、派出所设定子用户，子用户除了可以使用查询、统计、分析等功能外，还可向上一级用户进行文件反馈。因此，各镇（街）每次研判例会分析报告、照片等文件即可通过系统进行向上反馈审核。同时，系统还会根据平安指数"红色预警""趋势预警"等机制要求，自动通过短信推送等方式对达到预警程度的镇（街）子用户发出预警信息，并对后续督办、整改等内容通过按时反馈的形式实现全程跟踪，最大限度地促进指数工作机制与基层单位有效捆绑，切实督促整改工作落到实处。

此外，珠海市还推出了与系统相配套的"平安指数App"移动客户端。一方面，各镇（街）、派出所子用户可以每天通过手机操作即实现平安指数的查询、统计、分析等功能操作，还可以在开展研判、整改工作时，实时向上级部门反馈相关图片、视频等文件；另一方面，市民也可以安装该App随时查询全市各地区平安状况，了解有针对性的平安防范资讯，同时对于在日常生活中发现的平安问题，也可通过该App直接向镇（街）、派出所反映情况，全程监督问题整改工作进程，提升群众参与平安共建工作的积极性。

第五章　以社会治理智能化推动平安建设迅捷化

一　社会治理智能化概述

"智能",已成为社会治理的关键词。人类社会正从信息时代走向数据时代,大数据、智能治理和治理能力现代化紧密镶嵌。智能治理的内容包括智慧的政府、智慧决策、智慧管理和智慧协调合作机制等。

党的十九大报告将"智能化"作为社会治理发展的重要面向,以打造共建共治共享的社会治理格局。以信息技术提高社会管理的服务水平和运行效率,可谓不二法门。通过智能化为平安建设提供技术支撑,提升效能,让治理"聪明"起来,是许多地方不约而同的选择。《广东省国民经济和社会发展第十三个五年规划纲要》中有21处提及"智慧",61处提及"智能",明确要"大力提升交通、能源、市政、应急指挥等的信息化和智能化"水平。

信息化和大数据应用是当今社会的大趋势，互联网、物联网等技术正在深刻改变我们的生活、工作。信息化与大数据的发展，给平安建设提供了空前丰富的手段工具，通过大数据融合技术、大数据处理技术、大数据分析和挖掘技术等，采取机器学习、统计分析、可视数据分析、时空轨迹分析、社交网络分析、智能图像/视频分析、情感与舆情分析等多种举措，为平安建设插上了信息的翅膀。为此，社会治理和平安建设要把握国家大数据战略和"互联网＋"战略发展机遇，顺应社会治理和平安建设对象多元化、环境复杂化、内容多样化的趋势，应用各类现代科技手段，不断提升社会治理和平安建设的精准性、预见性、高效性。

（一）社会治理智能化的紧迫性与可行性

智能化的紧迫性日益严峻。一方面，传统治理碎片化问题凸显，效能与当下形势不匹配。传统治理体系下条块分割，既有九龙治水的低效，也有各管一段的分割，存在着人少事多、能力不足、机制僵化等诸多不适应。另一方面，信息技术的迅猛发展和快速普及，给社会治理带来空前挑战。这使得传统上一些看起来小微、个别的事件，通过大规模的转发、评论而迅速发酵为重大舆情事件，引发一系列连锁反应，近年来屡见不鲜的网络重大舆情事件对相关组织、有关政府部门产生巨大压力。公众监督压力之大、传导之快均属空前。

在此背景下，美国政府于2012年启动"大数据发展研究计划"并上升为国家战略，2013年被信息产业界称为中国的大数据元年。如何利用大数据推动经济社会发展，满足公众需求，提升政府治理效能，已成为摆在政府决策者、管理者面前需要认真思考的重大课题。比如，在2009年H1N1流感爆发数周之前，谷歌公司即通过大量互联网信息的汇总对比，提前得出流感来源与传统态势的判断，并与后来的官方结论基本一致。中国从2012年启动智慧城市的建设。中共中央办公厅、国务院办公厅印发《关于加强社会治安防控体系建设的意见》，提出将"社会治安防控信息化纳入智慧城市建设总体规划"，充分运用新一代互联网、物联网、大数据、云计算和智能传感、遥感、卫星定位、地理信息系统等技术，创新社会治安防控手段，提升公共安全管理数字化、网络化、智能化水平。中央综治办、中央网信办、科技部、公安部印发《关于推进社会治安综合治理信息化建设的若干意见》，中央综治办、原国家质检总局、国家标准委制定《社会治安综合治理基础数据规范》等文件标准。2015年7月，国务院发布《关于积极推进"互联网+"行动的指导意见》，从中央层面明确了推进"互联网+"的重要意义。这些中央规划、文件和标准的出台，为智能社会治理和高效平安建设提供了方向指引。显然，依托现代科技与大数据引入整体性治理，实施综合性改良，对于社会治理至关重要。

2015年中共中央、国务院印发的《关于深入推进城市执法体制　改革改进城市管理工作的指导意见》提出要综合应用各类监测监控手段，强化视频监控、环境监测、交通运行、供水供气供电、防洪防涝、生命线保障等城市运行数据的综合采集和管理分析，形成综合性城市管理数据库。

目前，已有北京、上海、深圳、无锡等多个城市正式提出建设智慧城市的规划设想。其中，《上海市推进智慧城市建设"十三五"规划》于2016年6月正式发布，提出了"泛在化、融合化、智敏化"的新特征。沈阳智慧城市建设的社会治理运营机制采取统一化的模式。一是成立智慧城市建设领导小组统一归口管理，市长领衔，成员为相关职能部门负责人；二是大数据运营有限公司统一运营，公司由市政府控股，通过政府购买方式提供服务；三是统一平台，实现数据汇总，为社会治理的智能化提供保障；四是统一标准体系。海南提出平安建设关键系统"视频基础平台+智能实战平台+网管运维平台"的综合业务平台。

作为基石的基础信息数据库建设，乡镇街道服务管理的数字化，以及基层治理系统的对接、整合，都蔚为大观。推动街道公共服务信息系统的纵向贯通、横向集成、共享共用、标准统一，也已有所作为。《关于深入推进城市执法体制改革　改进城市管理工作的指导意见》在多处提到平台的整合，倡导"形成综合性城市管理数据库"。

《关于深入推进城市执法体制改革　改进城市管理工作的指导意见》提出要基于城市公共信息平台，综合运用物联网、云计算、大数据等现代信息技术，整合人口、交通、能源、建设等公共设施信息和公共基础服务，实现感知、分析、服务、智慧、监察的"五位一体"。在具体举措上，利用视频一体化技术，建设环保系统对重大排污源实施即时监控，构建重大活动的临时可布置监控等。

总体上，中国各地区、各部门在智慧政务建设方面取得了积极成效，但在信息化深度运用和大数据处理等相关方面还存在明显不足。

（二）社会治理智能化面临的挑战

传统政府体制与智能化存在不匹配之处，制度结构上方枘圆凿。科学发现或技术发明在先，滞后的往往是社会组织形式和治理形态。这在当下的社会治理和平安建设领导体制中有诸多表现。

一是数据鸿沟、信息壁垒的问题广泛存在。控制数据来源的部门没有分析能力，有分析能力的部门没有数据来源；数据与需求脱节。比如，出生人口信息对于教育部门判断幼儿园、小学建设至关重要，但教育部门却基本不掌握、不能分析，导致入园难、入校难问题与撤点并校问题摇摆出现。

二是信息化建设力度存在不均衡。比如，部分区的区、镇（街）综治中心没有完全进驻公安、司法、信访、法院、人社、民政部门，实体化运作水平不高。村（居）综治中心网格员的作用也有待进一步发挥。此外，个别区（县）与上级综治信息系统还需加强对接，公共安全视频监控联网应用需要持续深化。

三是建设推进的成本效益失衡。一方面，智能化建设与大数据应用为信息的全面掌握、加工、整理提供可能，并大幅提升了政府机关的认知、判断和处置能力，以以往根本不可能、根本无法想象的方式作出决策、实施监管，实现政民互动。但也应看到，其信息采集、加工的成本也日趋高昂。互联网、物联网、云计算等技术每时每刻都在产生纷繁复杂、类型多样的海量信息，其价值密度不高，鱼龙混杂。比如，大量的高清监控录像中可能仅有几秒钟对查处违法犯罪具有价值，常人能力和常规技术已无法处理，这需要不断配备更高级的硬件设备和升级软件系统进行筛选、梳理和提取。为此,智能化的建设,也需要进行成本效益分析,适时总结评估提升财政资金使用效率。

四是数据安全风险累积。大数据和信息化在社会治理的深度应用,本身是一把双刃剑。智能平安的快速推进,使得大量数据资源集中汇总,一旦发生泄露等安全问题,则将导致大规模不可逆的伤害。数据安全既有传统的物理安全、设备安全、网络安全、主机安全、系统安全等问题,也涉及新型的安全问题,如数据分散庞杂带来的数据收集安全,数据种类和业务类型多样带来的数据整合和存储安全,海量数据集中带来的数据管理安全,外部需求和用户隐私带来的共享问题等。显然,在谋划智能社会治理的同时,必须将数据安全保障及时跟进,"两手都要抓,两手都要硬"。

二 珠海市推进智能平安社会建设的实践

珠海市通过技防系统、物防系统、人防系统等相互配合形成合力,共同打造而收效显著。珠海成立智慧城市建设领导小组,统筹、协调智慧城市的建设工作,推进智慧交通、智慧城管、智慧政务、智慧社会服务等项目建设。近年来,珠海市年度性综治(平安建设)重点工作专门文件,均注重智慧城市与平安建设的密切关联。2016年珠海市提出"将综治信息化纳入智慧城市建设"。2017年,《珠海市智慧城市行动计划》通过,其总体目标是实现政府治理、公众服务、文化体育、医疗卫生的信息化水平显著提升,以及城市运行实时可视、政府治理数据支撑、便民信息触手可及、信息经济本地引领等。

(一)强力推进信息基础设施建设构建四梁八柱

珠海智慧城市基层设施的四梁八柱体系构建成形。经过多年实践,珠海市的信息基础设施建设迅猛发展,大部分指标达到广东省领先。2016年,珠海市还将加强综治信息化整体规划作为全市综治重点工作任务。近年来,珠海市督促各运营商加大投资力度,加快基站建设项目审批手续进度,推动政府管理的物业、公共场所对通信基础设施建设开放,在车站、机场、码头、医院、政务办事大厅、公共文化体育场馆、公园等公共场所,现已做到了光纤网络全面进入家庭、4G高速移动网络覆盖全城。

一方面,智慧综治成为珠海市平安社会建设的重要突破口和工作抓手。2013年,珠海市将打造立体化社会治安防控体系"六张网"[1]作为核心任务,其中

---

[1] 即街面巡逻防控网、社区村庄防控网、单位行业场所防控网、区域警务协作网、技术视频防控网、虚拟社会防控网。

技术视频防控网、虚拟社会防控网等均与智慧平安建设密切相关。以公安部门为例，珠海市现已建成智能实战勤务智慧系统、大型活动安保合成作战指挥平台等100多个服务实战系统。

另一方面，珠海市综治视联网发展顺畅。珠海采取分级投资的方式，完成了综治各级视联网建设的任务。2017年9月，珠海市综治办与珠海广电网络公司签署协议，合作建设综治视联网系统。到2018年年初，珠海市已成为广东省首个将综治视联网系统延伸至村（居）的地市，从中央贯通至村（居）的六级综治视联网系统加快形成，并为全国社会治安综合治理"雪亮工程"[①]的延伸运用创造了条件。公安机关牵头建设的"天网工程"，接入各单位一千多个视频监控摄像头，在应用于社会治安打防管控基础上，为市委、市政府多个部门共享使用。应用图侦平台"神眼"系统建设，做到了珠海全市200万像素的实时卡口图像结构化分析，自动提取人、车、物品特征，生成基于视频的运行轨迹。推进智能感知采集网建设。已建成

[①] "雪亮工程"是以县、乡、村三级综治中心为指挥平台，以综治信息化为支撑，以网格化管理为基础、以公共安全视频监控联网应用为重点的"群众性治安防控工程"。它通过三级综治中心建设把治安防范措施延伸到群众身边，发动社会力量和广大群众共同监看视频监控，共同参与治安防范，从而真正实现治安防控"全覆盖、无死角"。取"群众的眼睛是雪亮的"之义，称之为"雪亮工程"。

社会治安视频（一类点）共 4789 路，在全市 78 个卡口平台安装 WiFi 热点，叠加安装 997 套感知设备。

同时，珠海市可视化综治指挥中心已启动试点。金湾区较早打造可视化综治指挥中心，从公共视频共享、多方信息沟通、指挥调度可视三方面着手，有效起到防控违法犯罪、化解矛盾纠纷、排除公共安全隐患的效果。

此外，珠海市还探索互联网+基层治理新模式。珠海市、区两级司法局和基层司法所、各社区均实现网络互通互联，市三级公共法律服务实体平台基本信息、一村（居）一法律顾问查询信息全部上线，群众均可自助查询，就近寻求法律帮助。依托广东省司法厅平台打造网上"12348 公共法律服务平台""12348 公共法律服务热线"，珠海高新区等地上线公共法律服务 App 操作系统，实现公共法律服务的全流程、全天候、全地域网上、线上提供。

（二）打通智慧社区健全平安建设神经末梢

智慧社区作为新型社区形态，被普遍认为是智慧城市实质性建设的重要组成部分。社区既是与民众直接关联、提供诸多社会服务的主体，也是政府监管、平安建设的载体。2014 年住建部发布的《智慧社区建设指南（试行）》，提出了一整套智慧社区建设指标，包括社区信息基础设施、社区治理、社区服务和保障体系等多个方面。世界上许多国家推行智慧社区或类似建设，比如加拿大即以建设智能社区并实现可持续发展作为重要目标。

珠海市依托信息化搭建后台支撑，各类平台终端为执法者、办事企业、民众提供便利。公共服务的智能化，值得瞩目。比如，珠海市的远程抄表系统逐步覆盖，不但水表、电表、燃气表不再需要专人上门抄表，可自动统计记录，而且还能在发生故障时实现通断控制。由此，既杜绝了一些别有用心的人以"查水表"等为由入门实施违法行为，也增强了水电燃气系统的运营安全。

珠海市智慧社区服务平台通过手机客户端、有线电视、政务网站等渠道，可实施社保查询、住房公积金查询、预约挂号、学区查询、物业管理、派出所查询、交通规划、在线购票、出入境预约、在线公证、天气查询、市民投诉等，让市民"随时、随地、随需"在线办理政务事务，效率极大提高，市民生活幸福感明显增强。

珠海市推动信息平台建设向农村社区延伸，开展"技防村居"建设，在农村重点开展"治安视频＋村联防队"建设，在城市重点开展"住宅单元智能门禁＋视频"工程建设，努力实现城市"住宅单元智能门禁+视频"全覆盖。

(三) 网格服务数字化：中心+网格+信息化

珠海市通过信息技术实施网格的闭环式治理，形成了"信息化支撑、精细化治理、人性化服务"的良性格局。珠海高新区成立"数字高新"指挥中心，组建网格化社会治理队伍，建立基础数据信息库，形成以综治中心为依托、以综治信息为支撑、以综治网格为基本单元、以综治力量为主导的"中心+网格化+信息化"管理架构。

在中心方面，珠海市整合已有的多个中心为一体。比如，珠海高新区整合应急指挥中心、行政服务中心、城管指挥中心和综治信访维稳中心等，设置统一的数字高新网格化综合服务指挥中心。通过中心信息平台，负责对辖区网格上报的各类信息情况进行汇总、报告、分流、调度、督办、反馈、归档。

珠海市利用城市网格数字化的优势，建立新型的网格治理模式。其基础是科学划分网格，明确网格权责，将城市管理、社会管理和公共服务事项纳入网格管理，明确网格管理对象、管理标准和责任人，通过网络里的数字城管巡查员进行监督。依托基层综合服务管理平台，对市面基础设施、地下管线、城市家具（如报刊亭、公交候车亭等）、执勤车辆、各类场所和社会组织等各类基层信息予以实时采集、动态录入和实时更新，逐步推进实现城市管理全要素数据的收集和整合。这为平安建设的常态化、精细化和规范化，打下良好基础。

同时，珠海市充实网格的信息化水平，将人、地、物、事、组织等基本治安要素予以一揽子纳入。网格员配发手机移动终端，并建立标准化的处置流程，形成"信息收集→建档立案→调度派遣→案件处置→结果反馈→核查结案→综合评价"的七步工作法。在处置模式上依托平台予以类型化，形成"三级互动"式处置体系。即，对于案情简单网格员能处理的问题，现场处置后将结果通过手机端 App 快速上报指挥中心；网格员无法解决的，归类为一般事件，做好必要的前置处理后上报社区受理员，经社区受理员判断，如果社区能解决，交由社区进行处置，处置完成后再将结果反馈到指挥中心，进行办结归档；如果社区无法解决，继续上报指挥中心，由指挥中心按照一定标准派遣到各责任部门，责任部门处理完毕后，由网格员进行核查，确实已经处理完毕则办结归档，若未处理完毕案件将重新回到派遣环节。对于应急事件，网格员可采取紧急上报方式，直接上报中心。通过建立"三级互动式"处置体系，形成反应灵活、由下而上、逐级递进的服务格局。

基层发现问题的及时性、解决问题的有效性均大大改观，从救火队员式的疲于奔命变为主动巡查自动预警，从事后统计静态数字变为动态实情及时掌控，对全区社会治理相关事务实现了全天候、无缝对接的处理机制。

（四）信息系统初步互联互通走向集约化

珠海市已初步建立起公共服务平台建设和应用的统筹协调机制。新一代公安数据中心等项目已告一段落，智慧交通、治安监控和数字城管系统整合初见成效，构建起大数字城管平台。在对外应用方面，整合市民和企业专属网页，办事民众、企业可通过同一平台在线办理各类事务。

比如，珠海高新区按照中央和广东省关于综治信息系统"9＋X＋N"的建设模式，把原有"数字高新"通用信息系统，整合综治维稳、安全生产、三防应急、卫生计生、城市管理、社区服务等各项工作，作为综治信息系统的拓展和延伸，突出"大综合、大网格、大数据"三大内容，整合部门职能，打破数据壁垒，完善了35种基础数据库，实现了各类行政数据资源融合共享，在功能上集网格化服务、政务数据共享、视频监控和应急指挥于一身，大大提升了社会治理专业化和智能化水平。

三 珠海市智能平安社会建设的成绩

总体上，珠海市智能治理建设以人为本进行创新探索。从人民群众的需求出发，而非从硬件设备、从服务管理的角度进行创新，在便民、利民、惠民上下大功夫，在增强民众平安感、幸福感、获得感方面成效显著。

（一）以技术应用促进治理精细化

以信息平台为枢纽，完善立体化社会治安防控体系，加强化工、建筑、交通等领域安全监管信息化，提升对社会治安和安全生产的综合治理水平，促进治理的精准化、瞄准率。

提升交通管理水平。对于很多地方而言，大型展出、活动均往往带来交通拥堵，导致普通市民出行不便。对此，珠海市发挥技术之力，通过智慧交通予以治理。2016年，第十一届中国国际航空航天博览会期间，珠海市以大数据分析系统作为现场指挥的辅助决策系统，首次告别"航展堵"。2017年11月，珠海智慧交通运行管理平台正式投入使用，实现了对全市人流、车流、路网和重点区域的全面检测。即将投入使用的智慧交通信号协调控制系统，更将成为引人瞩目的"治堵神器"。

珠海智慧交通运行管理平台现已能够采集到珠海全市111个主要路口交通参数,根据路面车流情况进行实时调整,减少路口延误时间,通行效率将提高15%—30%。比如,珠海引入"绿波带"技术,可根据道路车辆平均行驶速度与各路口的距离等要素,自动设置信号灯的启动时间差,以保证车辆从遇到第一个绿灯开始,只要依照规定路口行驶,之后多个路口均为绿灯。显然,不仅通行效率大幅提升,发生交通事故的可能性也由此明显下降。

珠海市建立了流动人口与出租屋管理的信息化平台,利用物联网技术对流动人口、出租房屋等予以实时关联,铺开"视频+门禁"系统,掌握并及时更新与实有人口相关的各类要素信息,动态掌握能力有了质的飞跃,进而完善以出租屋管理为重点的流动人口管理。

(二)大数据提升政务服务精准化

现代社会的企业、民众不再作为整体而存在,更多体现出需求、风格的多样化。智慧平台的建设应用,有利于改进服务质量,提供定制化、菜单化和精准化的个性服务。珠海市以智慧化政务为依托,促进政府职能转变和放管服的贯彻落实。一是依托互联网络探索从分散服务到集中服务、从纸质化办公到信息化办公的改革;二是形成政务大数据基础,现已建立2391个主题,汇集全市75个部门的业务数据,数据总量达1.2亿条,为社会诚信体系、综合治税、商事主体登记、廉情预警等应用提供基础数据支撑。

自2013年起,珠海市利用各类网站、微博、微信等新型互动平台,推进"网上警务室"建设,深化网络问政、网络问策,全面提升"网上见警率",回应公众期待和民众需求的效能大幅提升。

同时,珠海市大力推动村(居)信息系统建设。通过整合社区公共服务信息资源,推进社区公共服务综合信息平台建设,逐步实现社区公共服务事项的一站式受理、全人群覆盖、全口径集成、全区域通办,一个窗口或一个网页入口受理企业、民众各类办事诉求。创建大数据便民服务平台,推出政府类掌上便民服务,为市民免费提供权威、准确的数据信息,实现一站式集中查询;统筹发展政务与商用,政务服务、公共服务、民生服务无缝对接,在医疗保障、卫生计生、养老服务、教育文化、交通、旅游等领域的智慧应用,同时便利了政府、民众和企业。

此外,珠海市还应用现代科技发现违法线索并有效处置。珠海市各区积极引入无人机等高科技设备、仪器,通过驻点管理、机动巡查等机制,执法监管向自动化、智能化迈进。无人机360度无死角摄像头拍摄的高清画面,成为执法人员对违法建筑进行调查处理的有效证据。2016年年底,珠海市数字城管巡查员发挥城市移动探头优势,对市内"僵尸车"进行了统一排查,协调交警部门进行集中整治,上报废弃车辆案件375宗,全市506辆废弃车辆得到清理。

(三) 依托信息化提升监管效能

2015年起,珠海数字城管指挥中心健全巡查网络,实现了数字城管巡查全覆盖,先后组建斗门、金湾、高新、高栏港及横琴巡查大队等,全天候、地毯式、无死角开展巡查工作。2016年,珠海全市安装数字城管系统终端470多家,全覆盖所有区、镇(街)、村(居)。由此,执法及时性得到大幅提升。比如,以往发生流动商贩占道经营行为,由于执法力量有限往往查处滞后、处理周期长,当事人违法成本不高且同一问题反复发生,"普遍违法、选择执法"现象凸显;在数据城管模式下,通过路面巡查、网格巡查员和普通民众投诉举报,以及实时监控系统,实现了第一时间发现、用最直观的形式在系统中得到反映并得到处置。监管及时性的提升,不仅缓解了人少事多的矛盾,而且客观上抬高了违法成本,有利于破除潜在违法行为主体的侥幸心理。

2015年，横琴自贸区的"政府智能化监管服务新模式"荣获全国自贸区最佳实践案例。横琴新区推出商事主体电子证照卡，以营业执照信息为基础，集合企业其他登记、许可、备案、资质认证等证照基础信息的可读写标准电子介质。商事主体电子证照卡业经国家密码管理局认证，是可作为数字证书使用的"企业电子身份证"。商事主体可持卡在横琴片区工商、税务、质监、海关、检验检疫等部门办理审批、许可、备案等业务；相关签约银行等金融机构通过审查电子证照卡，可快速审核企业身份，为企业办理相关金融服务业务。

珠海市探索依托信息化提升情报研判处置能力。在珠海城轨拱北站、明珠站、唐家湾站等地设置"城轨珠海站派出所视频监控系统"，全天24小时无间断视频监控，对于旅客出行安全和社会治安掌控发挥了积极作用。在治安复杂场所、重点部位、主要街道、案件多发地段、重要路口、卡口等地点设置视频监控，将监控图像、视频实时传输到有关机关，使其直观地了解、掌握现场动态，联网视频监控互联共享。由此，以联网安防视频为基础，涵盖公安、交通、城管、安监、教育、环保、应急等跨部门、多领域的综合化管理应用体系，对于平安建设发挥作用与日俱增。智慧平安建设从公安部门一家为主走向主体多元化，应用的多家部门共享化。在快递安全领域,珠海研发并推广"快递物流实名制信息管理系统",在多家寄递企业的营业网点试点运行,采集到从业人员信息192条,收寄信息35000多条。

(四) 科技创新倒逼公权力规范化

信息技术的应用,不仅提升了公权力运行的效能,而且使得公权力运行过程得到更加全面客观的监督评价。以数字城管为例,其系统现已实现对案件巡查、业务受理、正式立案、任务派遣、现场核实和系统结案等环节的自动记录存档和收据保存。系统开设了综合评价的子系统,依托全市唯一的综合性城市管理大数据业务平台,对区级城市管理责任单位和镇(街)每个问题处理的环节进行量化考核,各项指标清晰明了,存在问题一目了然,依托大数据的综合评价客观、全面、可信、针对性强。该综合评价系统与政府效能监察联网,定期开展月度、年度绩效考评,根据综合评价结果向社会公布城市管理综合评价得分,建议有关部门对较差部门实施问责,年度发布珠海城市管理白皮书。

珠海市开通了"珠海市民监督平台"(http://wen.hizh.cn),设置"我要监督"栏目,下设"党风政风监督曝光专栏""行政效能投诉"等子栏目,民众可按规定向各级党政机关表达意见、反映问题;"我要举报"栏目提供网上举报、信件举报、短信举报等渠道的指南,网上举报还可选择实名举报、匿名举报进行。网络问政的方式给民众监督公权力运行提供了新的方式,对于倒逼政府行为规范不无积极意义。

(五) 智慧化促进政社企协调合作

政府部门之间、政民之间、政企之间的有效互动、协作、配合,形成多元共治格局,是应对新时代挑战,以及提升政务效能、质量的关键所在。信息技术的深度应用,畅通了政府、企业、社会之间的互动渠道,协调合作迈进了一大步。

在促进部门协调方面,依托综合化的信息指挥平台,政府职能部门之间联动配合更加顺畅。为完善社会化民营中小企业公共服务体系,以珠海企业服务平台(政企云平台,http://www.zhsme.gov.cn/main/toMainIndex)为核心,全市8个区(功能区)、35家职能部门,涉及企业的人才培训、创业辅导、知识产权保护、管理咨询、市场营销、项目开发、投资融资、财会税务、产权交易、技术支持、对外合作、法律咨询等各类普惠性、公益性涉企服务均被整合在内,从以往的部门导向供给本位,走向了企业导向需求本位,部门协调提供整合性、一体化服务。

在改进政民互动方面，珠海数字城管指挥中心推出"城市管家"，市民安装手机 App 后即可提供违法线索并参与执法，给城管执法插上了"千里眼"和"顺风耳"，软件将通过现场核实、定期回访、执法考核等举措，做到每次举报的问题在一小时内受到查处，两小时内得到反馈，一周内进行回访。由此，把城市的管理权还给广大市民，让各类违法行为陷入人民战争的汪洋大海之中，从"大家骂城管"变为"大家当城管"。

（六）智慧化服务多元纠纷化解

以网格化管理、社会化服务为方向，健全基层综合服务管理平台，加快推进多元矛盾纠纷化解信息化平台建设，及时反映和协调人民群众各方面利益诉求，有效预防和妥善化解各类矛盾纠纷。

依托网络平台畅通群众诉求表达机制。面对各地此起彼伏的各类舆情事件，珠海改堵为疏，利用现代科技放下身段、积极听取、主动回应。珠海市开通全市统一的网络问政综合信息平台，将市级各部门、各区的相应平台资源予以整合、集中化，在市委、市政府门户网站、珠海新闻网、珠海网等网站展示推广。通过该平台，市民可快捷地链接到全市、各区的网络问政资源，向政府部门咨询投诉和反映问题。珠海市政府门户网站设置了"互动"的专门栏目（http：//www.zhuhai.gov.cn/hd/），包括"民生在线""咨询投诉""征集调查""回应关切""网上信访大厅"等栏目，为公民表达诉求提供了统一、便捷的渠道，并及时答复，答复内容还在网上公开便于各界监督。

建构纠纷化解的"网上数据一体化处理"平台。珠海市斗门区人民法院、珠海市交通警察支队斗门大队、区司法局、市保险行业协会联合签署方案，推动道路交通事故损害赔偿纠纷一体化处理。斗门区人民法院正式上线道路交通事故一体化平台，当事人通过该系统即可进行理赔计算、在线调解、在线鉴定、在线诉讼，并申请一键理赔。由此，充分发挥网上一体化处理工作机制的优势，助力道路交通事故受害人在最短时间内化解纠纷，获得救济并避免矛盾冲突的升级扩大。

四　珠海市智能平安社会建设完善方向

"明白一切事相曰智，了解一切事理曰慧。"平安的智能化建设，既要实时、全面、动态掌握相关咨询信息，又要把握其来龙去脉、深层原因和趋势走向，进而适时介入，以收四两拨千斤之效。

未来，要加快建设立体化、信息化社会治安防控体系。着力抓好科技信息化运用，打造"信息资源一体化、打防管控一体化、网上网下一体化"的立体化、信息化社会治安防控体系。同时，进一步加强大数据应用统筹规划，健全各类基础技术规范标准，推进数据信息整合共享，按照"大整合、高共享、深应用"的要求，着力打通政法综治部门之间以及同一部门内部不同业务模块之间的信息数据通道，探索搭建全域平安建设大数据应用平台，打通上下信息数据通道，加快推进各级政法综治部门数据流、业务流、管理流的有机融合，在确保信息安全的前提下加强与其他部门的信息互联互通和综合利用，把数据信息联通到基层一线，真正发挥科技信息的实战效用，拓展智能化应用的广度和深度，进而实现从信息化向智能化，从智能化向智慧化，并不断走向高度智慧化的治理体系转化升级。

（一）与时俱进强化信息化基础设施建设

技术条件是智能治理、智能平安的必备工具和载体。信息化建设及其运维，是智能平安的基础性、核心性问题。公共基础设施的建设，应将5G、高速互联网、大数据平台等信息技术软硬件设施纳入在内。应加快综治视联网建设，并积极整合视频资源，扎实推进"雪亮工程"建设，加大公共视频项目的投入建设和升级改造，推动联网共享应用。

发挥好现代信息技术的优势，形成与经济社会发展相匹配的基层治理与平安建设能力，是必由之路。"工欲善其事，必先利其器"，在科技引入和使用上，既要注重稳定性、成熟性，以免社会治理成为新型科技的小白鼠；也要适度前瞻，避免因技术、设施的过时导致迟滞、卡顿或不安全。为此，不仅仅靠政府出面投资建设，更多要依靠专门从事数据业务的公司来实施。数据行业应当作为一方主体更多地参与到治理智能化的过程中来，形成以政府为主导、技术型企业为主力、公众参与为纽带，覆盖有线与无线，各种社交网络、各类使用终端的社会化一体化数据平台。

立足需求导向，增进智能平安的针对性。通过大数据发掘和分析技术，有针对性地梳理并解决社会治理难题，形成信息技术应用与平安建设机制的良性互动。

（二）破除瓶颈障碍强化大数据深度应用

信息化重在应用，智能化重在效果。面对方兴未艾的大数据，如何发掘其潜能服务治理、服务平安，至关重要。

数据采集、补充和更新常态化。在已建成的数据库基础上，实现数据资源融合共享，解决信息资源采集重复、采集空白和动态更新困难的难题,并有效满足各部门、企业、市民的生产、生活、科研、创新等需求。一方面,强化行政许可、执法检查、行政确认、社会诚信等全要素数据的采集、整合,形成真正全面、实时更新的大数据乃至全数据;另一方面,在此基础上,建立完善用数据说话、用数据决策、用数据管理、用数据创新的新机制,形成以大数据为基础的平安运行体系。

破除瓶颈障碍互联互享。数据采集整理、数据发掘分析、数据整合开放与共享等环节的滞后,是影响智能建设的重要因素。对此,应当加快整合平台建设。当下,政府各部门、司法机关、立法机关分头建立各类系统平台,各自为政未能形成合力。从今后来看,应当力促跨界数据共享、数据安全协同。通过顶层设计,各个部门应强化数据的统筹管理,在不侵犯国家秘密、个人信息与个人隐私、商业秘密的基础上引导企业、行业组织、科研机构、社会组织等对数据主动共享。

通过电子化手段,对监管对象实施动态监督,完善事先预警机制。强化数据库的分析应用,运用大数据及时排查、发现各类隐患和苗头性事件,切实提高预警预判和决策处置的科学性、准确性。

为社会治理提供数据支撑。通过信息技术和大数据的深度应用，将为政府决策提供充实、客观的数据支撑。大数据能够获得前所未有的全面信息，如对其进行有效处理能够发现事物发展的真正规律。基于大数据的应用，有利于克服以往"拍脑门决策、拍胸脯蛮干"的弊病，而立足于数据做出决策，根据动态数据调整决策，确保阻力最小化和效能最大化。

实现功能复合化与平台集约化。其思路是，综合运用物联网等现代信息技术，推动城市综合运行管理平台建设和功能扩展在功能定位上，既要满足民众高度关切的治安、交通、环保、应急处置等需求，着力统筹推进电力、水务、环保等市政设施智能化建设以更好地服务民生；又要考虑突发事件预警、事故监控、天气、消防、重大活动管理等需求，为决策、监管提供实时录像和类型化、定制化的数据资源服务。针对以往公安、交通、城管、环保、安监等各自为政重复上马平台、平台技术水平滞后、平台二次开发困难等问题，有必要经过系统规划、整合设计，一步到位设置统一平台，并事先充分考虑其可扩展性、与上下左右的兼容性，以及信息传输的可扩容性。

（三）信息产业发展与智能治理良性互动

信息技术发展日新月异，既给社会治理现代化与打造服务型政府提供空前利器，也为信息产业等相关产业发展，乃至对发达国家地区实现弯道超车提供天赐良机。在中国崛起过程中，对新一代信息技术产业给予有力引导扶持，塑造良好业态生态，关键时刻"扶上马送一程"，既有利于物联网、车联网、人工智能等新一代信息技术产业转型升级，也必将使得政府治理智能化更上层楼。

以信息化推动多元共建共治再上台阶。大数据、互联网、云计算等技术的应用，便于企业、公众获得更丰富、即时的信息，进而有效参与政府决策的制定、政府活动的监督。包括第五代移动通信、公共无线网络、电子政务网、行业专网等，以及各种类型的数据库、数据中心、云计算平台建设，从广覆盖走向全覆盖的视频监所网络、大传感器网络、地理信息系统（GIS）和视频浓缩监控系统、视频图像信息图建设等，是平安建设的利器。在互联互通方面，不仅应注重打破政府部门之间的割裂现象，还应注重强化政府与社会、政府与企业的互动反馈，扩大在教育、医疗、养老等领域的应用，形成数据驱动型的社会治理新模式。

以政务应用引导促进信息产业进步。信息产业发展的政务应用与商务应用、民事应用形成相互促进的效果。以政务应用带动商用、民用，推动智能化、自动化的蓬勃发展，既形成数据驱动型的社会治理、创业创新、政务治理一体化，更为信息产业持续健康发展提供源源不断的驱动力。

（四）完善信息安全保障与个人信息保护

通过信息技术等"智能化"手段取得的线索、素材，可否作为证据实施监管处罚？如何避免侵犯相对人和相关主体的个人隐私？这是智能治理快速推进所无法回避的问题。"道高一尺，魔高一丈。"技术进步日新月异的背景下，信息安全与个人信息保护，正面临前所未有的风险和挑战。2017年，瑞典遭遇了创历史纪录的数据泄露事件，不仅给国家安全带来巨大风险，也侵犯了数以百万计民众的隐私和信息安全。在2012年至2016年之间，美国涉及金融公司、保险公司、零售商以及其他企业的数据泄露事件总共有950起，其中大约有2亿4450万条数据受到了影响。美国国家安全局（NSA）前承包商雇员Harold Martin盗窃了超过50TB的政府机密数据，涉及NSA、美国中央情报局、美军网络司令部、美国国家侦察局等多个政府机构。2018年3月，美国社交网络巨头Facebook也陷入了史上最大规模的数据泄露丑闻。

确保智能平安本身的安全运维，其重要性无与伦比。一方面，智能平安的安全运行，是其发挥作用、提升效能的先决条件；另一方面，信息与网络安全也是国家安全不可或缺的组成部分。习近平总书记强调，网络安全和信息化是一体之两翼、驱动之双轮，必须统一谋划、统一部署、统一推进、统一实施。为此，必须加强顶层设计，并加强相应立法和制度建设，明确主管机关、相关部门、数据公司各方的权力责任。

一是注重建章立制形成完善的制度体系。对信息安全管理责任制、等级保护、安全测评、电子认证、应急管理、调查处理、安全检查等制度机制予以强化规范。在智能建设外包为主的背景下，应当在合同中明确数据企业的义务职责，要求数据企业完善内控机制，设置严格安全标准，限制敏感数据的接触人员范围，提高通信的安全传输标准，规范业务流程，严控分包、转包等行为。二是完善网络安全通报与风险披露机制。一旦发生漏洞或严重黑客攻击事件，应及时与其他大数据企业通报，向政府有关部门汇报。三是建立强有力的应急处置协调机制。随时处置、协调大数据相关安全事件，最大限度地减少因重大事件造成的损失，避免影响扩散。四是完善个人信息保护制度机制。中共珠海市委、珠海市人民政府《关于社会领域制度建设规划（2016—2020年）的意见》已明确提到要"防止个人信息泄露，加大对泄露个人信息行为处罚的力度"。在智能平安快速推进的同时，其可能的个人信息泄露风险也不容低估。比如，各个领域的信息采集、上网数据搜集整理,对于个人信息安全不无风险。对此,珠海应考虑在全国人大常委会、国务院和有关部门的文件决定基础上,吸取其他地方经验教训,强化个人信息保护。五是强化相关违法犯罪的打击力度。保持高压态势,提高违法犯罪的行为成本。

第六章　珠海市平安社会建设经验和面临的困难

一　珠海市平安社会建设取得的经验

（一）守住法治底线是珠海平安社会建设的前提

法治化是实现国家治理体系和治理能力现代化的必由之路。① 习近平总书记强调，"法治是平安建设的重要保障"，"深入推进平安中国建设，发挥法治的引领和保障作用，坚持运用法治思维和法治方式解决矛盾和问题"，"提高平安建设现代化水平"。②

法治是法律之治、规则之治、程序之治。依法治理是依据社会规范所进行的治理活动。在社会治理体

---

① 参见张文显《法治与国家治理现代化》，《中国法学》2014年第4期。
② 《习近平就深入推进平安中国建设作出重要指示强调：发挥法治的引领和保障作用，提高平安建设现代化水平》，《人民日报》2014年11月4日第1版。

系中，法律居于基础性地位，依法治理首先是依据法律法规对社会事务方面的关系进行调整规范。由于社会事务的纷繁性复杂性，调整规范这些社会事务的规则体系呈现出不同类型、不同层次、不同效力的集合性系统性特征。社会治理规范除相关法律法规外，还包括市民公约、乡规民约、行业规章、团体章程等形式。其效力对所及的组织和成员个人具有约束作用，这也是治理社会公共事务的依据和遵循。

珠海市注重把平安社会建设全面纳入法治轨道，以法治思维和法治手段解决平安社会建设中的问题。首先，珠海市充分运用经济特区立法权和较大的市（设区的市）立法权，为社会治理和平安建设提供法制保障。近年来，珠海市先后制定了《珠海经济特区道路交通安全管理条例》（2005年5月）、《珠海市消防条例》（2006年4月）、《珠海经济特区志愿服务条例》（2012年11月）、《珠海经济特区见义勇为人员奖励和保障条例》（2014年7月）、《珠海经济特区安全生产条例》（2016年9月）和《珠海经济特区公共安全技术防范条例》（2016年9月）等地方性法规。其中，2013年10月，珠海市八届人大常委会第十四次会议审议通过《珠海经济特区社会建设条例》，是全国出台较早的同类地方性法规之一，为此后珠海市推进社会治理和社会建设提供了重要法律依据。社会治理是一项综合性工程，牵一发而动全身，加强顶层设计是前提和保障。2016年6月，全国首部以市委、市政府名义出台的社会领域制度建设专项规划——《关于社会领域制度建设规划的意见》在珠海发布，该意见对珠海市社会领域法制体系框架和重点项目进行整体统筹设计和规划，全面加强社会领域法规规章的"立改废"。根据该意见，五年内珠海市将制定或修订47项社会领域制度，到2020年基本形成涵盖主要社会领域的法律制度体系，夯实社会建设法制化示范市的制度根基，使社会领域各项事务更加规范化、制度化。自创建社会建设法制化示范市以来，珠海市社会领域法制建设初见成效，先后出台了社会建设地方性法规5部、政府规章7部、规范性文件45件。《珠海经济特区行政执法与刑事司法衔接工作条例》《珠海经济特区相对集中行政处罚权条例》《珠海经济特区养犬管理条例》等一批具有创新性、示范性的社会建设领域地方性法规的出台，进一步完善了以《珠海经济特区社会建设条例》为总纲，覆盖各项社会事业和社会治理领域，由地方性法规、政府规章和规范性文件三个层次制度规范构成的社会建设制度体系，珠海市基层治理制度体系基本形成。

其次，珠海市努力培育办事依法、遇事找法、解决问题用法、化解矛盾靠法的良好法治环境。一方面，按照法律规定严格执法，严厉打击违法犯罪行为，清除人民群众身边的不安全因素，保障人民群众安居乐业。2015年以来，珠海市连续开展重点地区整治工作、综治专项治理行动，整治效果显著，为人民群众安居乐业扫除了障碍。另一方面，珠海市坚持处理好维稳与维权的关系，处理好活力与秩序的关系，坚持法治思维和法治方式，在法治轨道上统筹社会力量、平衡社会利益，调整社会关系、规范社会行为，建立健全依法维权和化解纠纷机制、利益表达机制、救济救助机制，畅通群众利益协调、权益保障的法律渠道，依靠法治解决各种社会矛盾和问题，确保社会在深刻变革中既生机勃勃又井然有序。2013年以来，珠海市持续推进"法律顾问进村（居）"和"公共法律服务体系建设"工作，实现公共法律服务中心全覆盖，努力满足基层群众的法律需求。同时，珠海市利用走访、现场宣传、法制课等多种形式，深入开展禁毒、防诈骗、防范邪教、法律援助、安全生产等方面的宣传工作，进一步提高重点地区群众的法律意识和安全防范意识，引导群众通过法律渠道有效化解社会矛盾，维护自身合法权益。

（二）推动体制创新是珠海平安社会建设的关键

古人云："世异则事异，事异则备变。"党的十九大报告强调，实践没有止境，理论创新也没有止境。世界每时每刻都在发生变化，中国也每时每刻都在发生变化，我们必须在理论上跟上时代，不断认识规律，不断推进理论创新、实践创新、制度创新、文化创新以及其他各方面创新。全国社会治安综合治理创新工作会议指出，创新是一个民族进步的灵魂，也是推进社会治理现代化的不竭动力。[1] 必须坚持向改革要活力、向创新要动力，积极推动体制机制、技术手段、管理方法创新，建立健全符合中国国情、具有时代特征的社会治理体系，提高社会治理现代化水平。[2]

完善的工作体制机制是推动平安建设的基础，体制机制创新是珠海市做好社会治理创新和平安社会建设工作的关键。平安建设是一项系统工程，牵涉面广，工作内容复杂，必须通过不断推进机制创新及时防范和应对层出不穷的新矛盾、新问题，打破政府包办一切、政法综治部门"单打独斗"的模式，推进协同治理，综合运用行政、法律、经济等手段，推进平安建设体制机制的现代化。[3] 2014 年年初，珠海市作出将

---

[1] 参见《孟建柱在全国社会治安综合治理创新工作会议上强调：坚持创新引领，提高预防各类风险能力，进一步增强人民群众安全感》，《法制日报》2016 年 10 月 14 日第 1 版。

[2] 参见周庆智《社会治理体制创新与现代化建设》，《南京大学学报》（哲学·人文科学·社会科学）2014 年第 4 期。

[3] 参见徐汉明《推进国家与社会治理法治化现代化》，《法制与社会发展》2014 年第 5 期。

社会管理综合治理委员会与创建平安珠海工作领导小组合二为一并设立办公室的决定，奠定了平安社会建设工作的体制机制基础。2018年3月，中共中央印发了《深化党和国家机构改革方案》，决定不再设立中央社会治安综合治理委员会及其办公室，不再设立中央维护稳定工作领导小组及其办公室，将中央防范和处理邪教问题领导小组及其办公室职责划归中央政法委员会、公安部，这对于加强党对政法工作和社会治安综合治理的集中统一领导，更好地统筹协调政法机关资源力量，加快社会治安防控体系建设，强化平安中国建设工作的系统性、整体性，推进平安中国建设，建立健全党委和政府领导、部门分工负责、社会协同参与的平安中国建设工作机制，提高组织、协调、执行能力，形成工作合力和常态化工作机制，具有重大意义。应当说，珠海市将社会管理综合治理委员会与创建平安珠海工作领导小组合二为一的改革，与中央构建平安中国建设大格局的方向是一致的，为全国其他地区此项改革提供了有益借鉴。

在实际工作中，珠海市创新完善新形势下预防和化解矛盾纠纷，推进人民调解与行政调解、司法调解的协调联动，深化诉前联调工作，促进调解、仲裁、行政裁决、行政复议、诉讼等有机衔接，切实抓好各单位落实矛盾纠纷多元化解的工作职责，深化重点领域社会矛盾专项治理，推动了社会矛盾纠纷化解和平安珠海建设。行政执法与刑事司法的良好衔接，对于提升执法威慑力，确保构成犯罪的违法行为被追究刑事责任，未构成犯罪的一般违法行为被追究行政责任，具有关键意义。实践中，由于缺乏部门间协调，证据标准不统一，各方法律适用理解有别等多种原因，行政执法机关对于事实上构成犯罪的违法行为未能移送导致刑事制裁落空，司法机关对于不构成犯罪的违法行为未能转送行政执法机关导致行政制裁未能实施等一系列问题广泛存在。2012年1月1日起，珠海市"两法衔接"信息平台正式联网运行。2015年3月1日，《珠海经济特区行政执法与刑事司法衔接工作条例》施行。作为全国首部关于"两法衔接"工作的地方性法规，对于行政执法与刑事司法形成合力，避免以罚代刑，克服滥用处罚权或司法权，实现执法有力、司法公正，以及最大限度地形成合力维护经济社会秩序，都有着积极意义。

同时，珠海市从本地实际出发，发挥独特区位优势，以《粤港澳大湾区城市群发展规划》的出台和港珠澳大桥通车为契机，加强珠港澳在社会治理创新方面的合作交流，探索研究珠港澳社会治理合作新模式，以维护社会稳定和改善社会民生为重点，促进社会、经济、文化等领域的良好发展，推进社会协同治理，打造珠港澳"平安共同体",共建大湾区优质生活圈,保障粤港澳大湾区的长期繁荣稳定。2010年以来,珠海市公安机关联合澳门特别行政区警务部门先后举办4届"澳门·珠海警务论坛"。其中2016年5月召开的第四届"澳门·珠海警务论坛"围绕"共融、共进、共享——澳门·珠海警务合作的新探索"的主题,就跨法域执法对接、跨区域电信诈骗案件的防范与打击、跨法域社会治安治理、澳珠警队建设与警员互助培训等问题,进行了深入交流、广泛研讨,对于打击跨区域电信诈骗、保障人民群众生命财产安全具有积极意义。

(三)激发基层活力是珠海平安社会建设的基础

社会治理和平安建设的重点和难点在基层,活力和动力也在基层。加强和创新社会治理,推动平安社会建设,必须激发基层内在活力,推动基层自治,实现基层共治共享。[1]

一方面,珠海市积极推动基层自治,不断提升基层自治能力。近年来,珠海市不断完善社区自治制度,推进基层自治建设。完善社区居民自治体系,健全社区居民(代表)会议制度,规范社区民主决策程序,

---

[1] 参见周庆智《基层社会自治与社会治理现代转型》,《政治学研究》2016年第4期。

落实居民群众的知情权、决策权、参与权和监督权。贯彻落实《珠海市社区行政事务准入管理办法（试行）》，逐步完善社区行政管理事务准入制度，保障基层群众性自治组织的法律地位。建立非本市户籍人口参与社区事务管理和服务的机制，保障非本市户籍人口平等参与社区自治和管理。制定《珠海经济特区物业管理条例》，创新物业管理体制机制，加快形成推进老旧小区改造的机制。规范商业开发项目公共服务设施建设及移交管理。探索物业管理与社区居民自治相结合的模式，推行居民代表与业主代表、居民委员会成员与业主委员会成员交叉任职，推动社区居委会、业主委员会、物业管理公司三方合作机制建设。2014年年底以来，珠海市建立平安指数动员、研判、预警、督导、责任、考核"六位一体"工作机制，通过平安指数机制，将平安创建落实到小区、企业、学校等基层单位，通过"解剖麻雀式"建立镇（街）、村（居）"平安指数"工作体系和长效机制，并对全市"平安指数"工作机制落实情况及治安重点地区整治工作开展专项督导，进一步激活了村（居）作为平安社会建设的地位和作用，成效明显。

另一方面，珠海市着力配齐配强基层平安建设专业力量。近年来，珠海市合理调配警力配置，深入推动机关警力下基层、基层警力下社区工作。2017年全市派出所警力占分局警力的55.15%，社区警力占派出所警力的40.5%，民警与辅警比例达到1∶1，基层警力得到有力保障。在总结中国已有实践经验的基础上，珠海市大力推进基层群防群治队伍建设。按照"社会治理网格化"要求，进一步厘清并界定珠海市各类群防群治队伍的地位性质、权利义务、保障奖励等，进一步整合各类群防群治队伍，推进制度化、规范化建设。不断加大综治队员、巡防队员、禁毒社工、交通协管员、户管员、保安员等专职群防群治队伍的建设，落实经费保障，广泛动员党团员、民兵、青年志愿者、离退休人员等参与治保、调解、帮教、禁毒、防范邪教、普法等平安建设工作，充实社会治安群防群治的辅助力量。2016年，珠海市香洲区在拱北、前山等重点辖区以政府购买服务的方式增加治安巡防队员60多人，不断夯实基层"人防"基础；金湾区根据区内治安巡防实际，强化治安巡防大队建设，队员已达183人；斗门区努力开展各村（居）治保组织和巡逻队的组建，目前127个村（居）均已建立治保组织，治保会工作人员有339人，其中40个村（居）已建成巡逻队，巡逻人员共有294人。基层平安建设专业力量的强化，为珠海市社会治理创新和平安社会建设工作的开展打下了坚实的基层基础。

同时，珠海市不断创新网格化管理模式，为基层社会治理注入新动能。近年来，珠海市深入推进综治网格化管理试点工作，对香洲区梅华街道和斗门区斗门镇两个试点的综治网格员进行了岗前培训，大大提高了综治网格员的实际操作能力。2016年8月以来，金湾区委托专业机构对全区近300名综治网格员进行了轮训，并为保障第十一届航展顺利召开做出了贡献。2017年，珠海市创新推进"中心+网格化+信息化"建设，初步形成以综治中心为依托，以综治信息为支撑，以综治网格为基本单元，以综治力量为主导的"中心+网格化+信息化"管理架构，完善了基层平安建设机制。一是推进中心建设，强化实体运作。根据国家标准《社会治安综合治理综治中心建设与管理规范》和广东省珠海市实施方案，珠海市各区严格落实综治中心规范化建设，着手规范办公场所、硬件设施，设置受理大厅、接访室、调解室、联席会议室、档案室、心理咨询室等功能室。二是落实"四定"机制，推进网格管理。定格定人，各区合理科学划分网格，并且各区已全部规范制作完成综治网格图和上墙公开；定责定流程，按照"3+10+X"模式，进一步深化各区网格管理工作，细化网格员工作任务，确保每一名网格员履职清晰、任务明确。三是强化信息支撑，加快推进力度。推进综治信息系统建设，统筹组织"珠海市综治信息系统"接入通信服务运营商选定招标工作，确定了各区服务运营商，为综治信息系统运用提供稳定的通信服务。

二　珠海市平安社会建设面临的困难

近年来，珠海市在加强和创新社会治理、推动平安建设方面取得了明显成效，但也存在一些问题和薄弱环节。一是社会治理和平安建设创新举措仍处于探索阶段，缺乏必要的法律支撑，平安建设的不少经验呈现碎片化，缺乏必要的提炼和升华。例如，目前关于志愿警察工作依据的立法仍是空白，法律主体地位边界模糊，虽然广东省公安厅出台了《关于规范全省警务辅助人员管理使用的指导意见》，为志愿警察工作开展提供了一定的依据，但该指导意见仅是政策性文件，未能形成志愿警察的制度支撑，志愿警察在经费、培训等方面面临不少尚待解决的问题。二是社会治理和平安建设领导责任制落实力度不够，社会治理和平安建设工作尚未实现常态化，平安建设长效机制亟待建立。随着平安建设工作进入第五年，珠海市个别地区和单位开始出现懈怠，对综合治理和平安建设的重视程度有所下降，人财物保障弱化，平安建设措施落实不力，基层基础工作相对薄弱，综合治理和平安建设政策工具的使用还失之于"软"，需综合采用法律手段和政策工具进一步促进综合治理和平安建设。三是社会治理和平安建设新问题不断涌现，但综合治理和平安建设工作机制难以及时调整完善，在一些发案集中、群众反响较大的社会问题应对上力量相对不足，亟须加强。近年来，以珠海市为代表的中国东部沿海城市逐渐迈入"流动社会"，流动人口的大量涌入给当地综合治理与平安建设带来巨大压力，由于编制管理等限制，有限的公安等综治力量面对庞大的管理服务群体显得捉襟见肘、力不从心。加之综合治理和平安建设信息化运用中的问题，人口基础信息采集率不高，人口统计数据失真失准，缺乏有力统筹管理机构，社会公共安全存在隐患，严重影响了综合治理和平安建设效果的进一步发挥。

第七章 社会治理与平安建设的发展方向

调研发现，虽然中国不少地方在社会治理和平安建设方面进行了不少探索和创新，但囿于各方面的限制，很多创新显得零散而庞杂，可复制的模式较少，可推广的经验不多。[①] 应该看到，加强和创新基层治理，推进平安中国建设，有赖中央统筹顶层设计和整体制度安排。党的十九大报告强调"打造共建共治共享的社会治理格局"。在新时代背景下，打造共建共治共享社会治理格局，为加强和创新社会治理、建设平安中国提供了科学指引，是完善和发展中国特色社会主义制度、推进国家治理体系和治理能力现代化的重要内容。应当按照党的十九大要求，不断完善党委领导、政府主导、社会协同、公众参与、法治保障的社

[①] 参见钟哲《地方政府社会治理创新可持续性提升的路径选择》，《东北师大学报》（哲学社会科学版）2015年第2期。

会治理体制，全面提升平安建设的社会化、法治化、智能化、专业化水平，打造共建共治共享的社会治理格局。

一 坚持依法治理，完善平安建设法治保障

党的十九大把全面依法治国作为全党同志必须全面贯彻的新时代坚持和发展中国特色社会主义的基本方略之一，强调全面依法治国是中国特色社会主义的本质要求和重要保障。

法治是推进平安建设的根本保障。习近平总书记强调，法治的精髓和要旨对于各国国家治理和社会治理具有普遍意义。时任中央政法委主要领导同志指出，法治作为社会治理的最优模式，具有权责明晰、程序公开、预期稳定的优势。

平安中国建设要坚持运用法治思维和法治方式解决问题，最关键的是要完善平安建设的法律支撑。在协调推进"四个全面"战略布局的背景下，应该补齐社会领域立法短板，整合社会治理领域立法，以法律的形式统一各地在社会治理与平安建设方面的创新和经验，明确平安建设的基本原则、主要内容和有关部门的义务和责任，为社会治理和平安建设创新提供制

度保障。[①] 另外，要进一步完善平安建设行政执法与刑事司法衔接工作机制，依法打击违法犯罪行为，实现社会治理和平安建设领域的严格执法和公正司法，让人民群众在社会治理和平安建设的执法、司法过程中感受公平正义，切实保障人民群众合法权益，推进依法治理落到实处。[②] 同时，要推进社会矛盾纠纷多元化解，加强矛盾纠纷多元化解机制地方性法规政策制度建设，推进人民调解与行政调解、司法调解的协调联动，深化诉前联调工作，促进调解、仲裁、行政裁决、行政复议、诉讼等有机衔接，切实抓好各单位落实矛盾纠纷多元化解的工作职责，创新完善新形势下预防和化解矛盾纠纷的方法，深化重点领域社会矛盾专项治理。

二 坚持协同治理，扩大平安建设公众参与

社会治理和平安建设中要转变政府包办一切的传统思维，正确处理政府和社会的关系，发挥政府机制（法治）和社会机制（自治）双重作用，实现社会行

[①] 参见徐汉明《习近平社会治理法治思想研究》，《法学杂志》2017年第10期。

[②] 参见江必新、王红霞《社会治理的法治依赖及法治的回应》，《法制与社会发展》2014年第4期。

为多主体的"协同治理"。① 在发挥好社会治理和平安建设主导作用、履行好社会治理和平安建设兜底责任的前提下，充分发挥社会组织和社会力量的积极作用，有序扩大公众参与。一方面，要持续做好平安建设宣传工作，进一步加大社会动员体系建设力度，深入推进平安宣传"五进"② 工作，切实提高人民群众对平安创建工作的知晓率、支持率、参与度。各有关部门要结合工作职能和特点，利用自身资源优势，坚持面上宣传和线上宣传有机结合，充分发挥传统媒体和新兴媒体的积极作用，广泛深入开展平安创建宣传活动，保障人民群众的知情权和参与权，提高人民群众在平安建设中的获得感。另一方面，要充分发挥社会组织和专业机构作用，创新和探索社会组织参与社会治理的领域、手段、方式方法。③ 积极发挥志愿服务协会、见义勇为协会等社会组织作用，不断扩大平安志愿者队伍，引导、激励更多群众参与社会治安工作，营造"全民创安、共建共享"的社会氛围。同时加强对社会组织规范管理的政策研究，推进社会组织明确权责、依法自治，充分发挥其在参与社会事务、

---

① 参见燕继荣《社会变迁与社会治理——社会治理的理论解释》，《北京大学学报》（哲学社会科学版）2017 年第 5 期。
② 即进家庭、进学校、进社区、进场所、进企业。
③ 参见鲍绍坤《社会组织及其法制化研究》，《中国法学》2017 年第 1 期。

维护公共利益、救助困难群众、化解矛盾纠纷等社会治理中的重要作用,实现从国家主导到多元治理的治理模式。①

三 坚持创新治理,增强平安建设基层活力

基层是平安中国建设的第一线,也是社会治理的活力之源。建立健全富有活力和效率的新型基层治理体系,是平安建设的基础。增强平安建设基层活力,要发挥好乡镇(街)和村(居)在社会治理中的基础性作用,完善权力清单、责任清单,推动其把工作重心转移到公共服务、公共管理、公共安全等社会治理工作上来,通过改善考核、激励方式提高基层干部参与平安建设的积极性。一方面,推动行政体制和管理方式创新,实现扁平化管理,适当减少管理层级,把更多的力量充实到平安建设一线,总结各地网格化管理经验,充实基层治理力量,实现资源下沉、服务下沉、管理下沉,不断提升基层治理能力。②另一方面,要重视基层社会自治,发

---

① 参见马金芳《社会组织多元社会治理中的自治与法治》,《法学》2014年第11期。

② 参见梁平《正式资源下沉基层的网格化治理——以河北"一乡一庭"建设为例》,《法学杂志》2017年第5期。

挥群众参与的基础作用,[①] 发挥村规民约作用,促进群众在城乡社区治理、基层公共事务和公益事业中依法自我管理、自我服务、自我教育、自我监督,通过村(居)民自治完善民意收集、协商互动机制,把各行各业中的从业人员和社会组织发动起来,让其成为社会治安基本要素掌控的"千里眼"和"顺风耳",弥补专业力量和专业手段的不足。

四　坚持智慧治理,强化平安建设技术保障

信息化和大数据是当今社会的大趋势,"互联网+社会治理"是创新发展"枫桥经验"的新路径。[②] 社会治理和平安建设要把握国家大数据战略和"互联网+"战略发展机遇,顺应社会治理和平安建设对象多元化、环境复杂化、内容多样化的趋势,应用信息化和大数据提升社会治理和平安建设的精准性、预见性、高效性。当前,中国各地区、各部门在智慧政务建设方面取得了积极成效,但在深度运用信息化和大数据处理相关问题方面还存在明显不足。未来,要加

[①] 参见魏礼群《积极推进社会治理体制创新》,《光明日报》2014年6月20日第1版。

[②] 参见刘树枝《构建"互联网+社会治理"新模式　打造"枫桥经验"升级版》,《社会治理》2017年第2期。

快建设立体化、信息化社会治安防控体系，着力抓好科技信息化运用，打造"信息资源一体化、打防管控一体化、网上网下一体化"的立体化、信息化社会治安防控体系。[①] 同时，进一步加强大数据应用统筹规划，健全各类基础技术规范标准，推进数据信息整合共享，按照"大整合、高共享、深应用"的要求，着力打通政法综治部门之间以及同一部门内部不同业务模块之间的信息数据通道，探索搭建全域平安建设大数据应用平台，打通上下信息数据通道，加快推进各级政法综治部门数据流、业务流、管理流的有机融合，在确保信息安全的前提下加强与其他部门的信息互联互通和综合利用，把数据信息联通到基层一线，真正发挥科技信息的实战效用，拓展社会治理和平安建设成效的广度和深度。

[①] 参见刘佳《大数据时代的社会治理困境与创新发展路径》，《学术探索》2015年第4期。